DIE BOTSCHAFT
AUS DEM ALL

DIE GOTTESPROPHETIE HEUTE -
NICHT DAS BIBELWORT

BAND 3

DIE BOTSCHAFT AUS DEM ALL

DIE GOTTESPROPHETIE HEUTE - NICHT DAS BIBELWORT

BAND 3

Verlag DAS WORT GmbH

1. Auflage 2007
© Verlag DAS WORT GmbH
Max-Braun-Straße 2
97828 Marktheidenfeld-Altfeld
Tel. 09391/504-135, Fax 09391/504-133

Internet: http//www.das-wort.com
e-mail: info@das-wort.com

Alle Rechte vorbehalten.

Druck: Santec Studio und Druckerei GmbH,
Marktheidenfeld

ISBN 978-3-89201-256-6

Inhalt

Einführung 7

Alles, was lebt, ist Gesetz und ist
Bewußtsein 13

Es ist eine hohe Zeit – die Zeit des Christus.
Begebt euch in Meine Macht, in die Macht
der Liebe 19

Lebt gegenwärtig – dann steht ihr in
Kommunikation mit den erhaltenden,
göttlichen Lebensenergien 32

Das Absolute Gesetz, in allen Details gelehrt –
das Ende der materialistischen Zeit 41

Kehre ein in den Seelengrund –
denn der Seelengrund Bin Ich...................... 59

Höret die Stimme des Alls, und erwachet
in Mir! Ich Bin der Friede 86

*Ich Bin der einzige Retter. Nach dem
Polsprung das Reich Inneren Lebens* 111

*Die Katastrophe kann nicht mehr
aufgehalten werden – der Ausweg Bin Ich,
der Christus Gottes in dir!* 132

Aktiver Glaube: Tue es! 160

*Kommet alle zu Mir her, zu eurem Hirten.
Ich möchte euch auf grüne Auen führen* 189

*Lernt, die Selbstheilungskräfte zu aktivieren;
so mancher wird es noch sehr gebrauchen* ... 219

*Meine Sehnsucht pocht in euren Herzen.
Komm, Mein Kind, komm jetzt!
Wie es euch beliebt!* 243

Kommet in die Arme der Unendlichkeit 260

DIE
BOTSCHAFT
AUS DEM
ALL

DIE GOTTESPROPHETIE HEUTE
NICHT DAS BIBELWORT

BAND 3

Einführung

„Als Jesus diese Rede beendet hatte, war die Menge sehr betroffen von Seiner Lehre; denn Er lehrte sie wie einer, der göttliche Vollmacht hat, und nicht wie ihre Schriftgelehrten." So endet die Bergpredigt.

Auch dem heutigen Menschen, zweitausend Jahre später, ist es sehr wohl möglich und gegeben, die Vollmacht des Christus-Gottes-Geistes von den Spitzfindigkeiten der Theologen zu unterscheiden. Die Geistesgabe der Prophetischen Rede war auch nach Jesus von Nazareth in den ersten urchristlichen Gemeinden lebendig – und sie blieb es bis zum heutigen Tag. Immer wieder sprach Gott durch erleuchtete Männer und Frauen zu uns Menschen. Und heute tut Er es wieder, und zwar mit einer Sprachgewalt und Tiefe, die die Menschheit seit Jesus von Nazareth nicht kannte. Er tut es in unseren Tagen durch Gabriele, die Seinem Herzen ganz nahe ist.

Er tut es, weil die Zeiten ernst sind, sehr ernst sogar. In den Jahren, als die in diesem Band abgedruckten *Botschaften aus dem All* ausgesprochen wurden, hatte man für Warnungen vor drohenden Klimaveränderungen und vor einer turbulenten Umbruchszeit für den Planeten Erde nur ein Achselzucken übrig. Heute, beim Erscheinen dieses Buches, sind die sich anbahnenden Katastrophen in aller Munde.

Gott hat also rechtzeitig gewarnt. Wenn viele Menschen heute (wie zu allen Zeiten) fragen: „Weshalb greift Gott nicht ein?", so finden sie

8

in den hier vorgelegten Texten die Antwort: Gott hat längst eingegriffen; Er hat immer eingegriffen, wenn Menschen in Not waren, wenn sie auf ihre brennenden Fragen bei den Schriftgelehrten oder in dem von diesen zensierten und verengten Bibelwort keine Antwort fanden.

Warum gibt es Krieg? Warum gibt es Krankheit? Warum gibt es Leid und Naturzerstörung? Wo ist der Ausweg? Der Christus-Gottes-Geist zwingt uns Menschen zu nichts. Er klärt auf. Er spricht unumwunden und direkt. Er erreicht Herz und Verstand gleichermaßen.

Die hier vorgelegten *Botschaften aus dem All* wurden zu unterschiedlichen Anlässen gegeben. Gott, unser himmlischer Vater und Christus, Sein eingeborener Sohn, offenbaren sich durch Prophetenmund in öffentlichen Veranstaltungen, etwa zum Jahreswechsel, zu Pfingsten oder beim gemeinsamen Mahl, zu dem Urchristen immer wieder laden. Christus sandte durch Gabriele, Gottes Prophetin und Botschafterin für unsere Zeit, auch immer wieder Seine heilende Kraft in die ganze Welt. Diese *Christusstrahlungen*, so hießen diese Offenbarungs-Veranstaltungen, wurden jeweils durch zahlreiche Radiosender direkt übertragen und waren weltweit zu vernehmen – ein kosmisches Ereignis, dessen Bedeutung für die Zukunft der Menschheit und der Erde wir nur erahnen können.

Der Leser wird immer wieder Zeuge, wie aktuell und doch zeitlos der Geist Gottes das Weltgeschehen beleuchtet, wie Er zu Themen wie Reinkarnation, Genmanipulation oder Klimawandel Stellung bezieht – und wie Er fast im selben Atemzug aufrüttelt, Trost und Heilung spendet und uns Menschen zur Entscheidung auffordert.

Auch der Leser ist gefordert und eingeladen zugleich: die mächtigen Botschaften aus dem All auf dem Papier stehen zu lassen – oder sie anzunehmen und im täglichen Leben umzusetzen. Das Wort des Nazareners gilt noch heute: *Wer es fassen kann, der fasse es. Wer es lassen will, der lasse es.*

DIE
BOTSCHAFT
AUS DEM
ALL

DIE GOTTESPROPHETIE HEUTE
NICHT DAS BIBELWORT

BAND 3

Alles, was lebt, ist Gesetz und ist Bewußtsein

Offenbarung von Christus, 1987

Der redende Gott ist das universelle Bewußtsein. Das universelle Bewußtsein ist der Christus in Gott, eurem und Meinem Vater. Christus ist das Leben für alle Menschen und Seelen, hin zum absoluten Sein.

Der redende Gott ist das ewige Gesetz. Alles, was lebt, ist Gesetz und ist Bewußtsein. Worte, Gedanken, das Zwitschern der Vögel, das Rauschen des Baches, die Bewegung der Luft und vieles mehr ist der Ausdruck des kosmischen Bewußtseins, des Lebens, Gott. Wer das Zwitschern der Vögel in sich vernimmt, der erlebt nicht nur den Ausdruck Gottes, das Zwitschern der Vögel, sondern das Leben, das Bewußtsein der zwitschernden Tiere.

Hörst du das Rauschen des Baches, dann weißt du, das ist der Ausdruck der Lebensform, des Tropfens an sich. So du jedoch dein eigenes

Bewußtsein geweitet hast, vernimmst du das Leben, das Geistige, das Bewußtsein des plätschernden Baches.

Und so du, Mein Kind, deine Mitmenschen an- und aufgenommen hast, dann erfährst du Gott in den Gedanken deiner Mitmenschen, in den Worten und Handlungen. Denn kein Gedanke ist möglich, gleich welcher Art er ist, außer die Allkraft berührt das irdische Leben und löst, was in der Seele vorhanden ist, Positives, das Gesetz, oder das Kausalgesetz, Wirkungen auf Ursachen.

Was der Mensch spricht, ist das Wort, ist der Ausdruck seines Wesens und auch dessen, was er augenblicklich ist. Doch in jedem Wort ist die Kraft des Allerhöchsten, das Bewußtsein GOTT. Wer sein Bewußtsein erschlossen hat, wer mehr und mehr in Gott, dem Allbewußtsein, lebt, der erfährt im Wort seines Nächsten Gott. Einerlei was dieser denkt, was dieser spricht – in allem ist das Bewußtsein, Gott. Es regt dich an, über deine Gedanken und Worte nachzudenken, damit auch du, der du auf dem

Weg zum absoluten Bewußtsein bist, dich erkennst und in deinen Gedanken und Worten das Bewußtsein, Gott, erkennst, daß du in den Gedanken und Worten deines Nächsten das Bewußtsein, Gott, erkennst.

Das ist Leben. Das Leben erfüllt sich nur in der Seele und im Menschen, wenn das Erkannte verwirklicht wird und verwirklicht ist. Die Verwirklichung bringt die Bewußtseinserweiterung, nicht das Wissen um das Gesetz. Das Wissen um das Gesetz ist die Voraussetzung zur Verwirklichung. Deshalb gab und gebe Ich euch immer wieder das Gesetz: das Kausalgesetz, das Gesetz von Saat und Ernte und auf dem weiteren Weg das Absolute Gesetz, das letztlich ihr in der Reinheit seid.

O erkennet und erfasset es in euren Herzen, daß das Leben reich ist und den wieder reich macht, der verwirklicht und allmählich die Dinge und Geschehnisse so schaut, wie sie sind, nicht, wie sie scheinen oder vorgetragen werden.

Der redende Gott ist das ewige Gesetz, das in das Kausalgesetz einwirkt, euch in allen menschlichen Gedanken und Worten ermahnt: Steh auf, Mein Kind, und erwache zu deinem wahrhaftigen Wesen, zu dem Leben, das Ich Bin! Steh auf, Mein Kind, und erwache, indem du verwirklichst, was du erkannt hast, damit sich dein geistiges Bewußtsein erweitert und du den ewig redenden Gott verspürst und wieder göttlich wirst. Dann ist deine Sprache das urströmende ewige Leben, das du bist, das Gesetz. Du fragst nicht mehr „Wer bin ich? Wo stehe ich? Ist meine Handlungsweise richtig?" Du b i s t das Gesetz. Du weißt es nicht nur – du lebst es.

Erkenne, o Mensch, Mein Kind, diese unendliche Freiheit, die Größe und die allumfassende Liebe des ewig redenden Gottes, der dich geschaut und geschaffen hat und der dich göttlich schaut. Werde göttlich, o Seele im Menschen! Jeden Augenblick gibt dir Gott, der ewig redende Geist, Anweisungen, was du jetzt verwirklichen sollst.

O Mensch, veredle deine Sinne, damit sie die Brücke zum ewig redenden Gott bilden, und du erfaßt, was Gott jeden Augenblick zur Seele spricht und du verwirklichen kannst, wonach sich deine Seele sehnt. Denn jede Seele sehnt sich nach Freiheit, nach Einheit, nach Brüderlichkeit, nach der allumfassenden, kosmisch ewigen Liebe, denn jede Seele weiß im Urgrund ihres Seins, daß sie kosmischen Bewußtseins ist, also kosmische Liebe.

Erfaßt die Gnadenzeit! Ihr steht im Zeitlichen, im Erdenkleid. Erkennt die kostbaren Augenblicke und Minuten – wie rasch gehen sie dahin im Vergleich zu den Äonen! So nimm sie an, die Gnadenzeit, Mein Bruder, Meine Schwester! Meine Kinder, nehmt sie an, und erfüllt, was euch der Augenblick, die Minute irdischen Seins sagt, denn der ewig redende Gott spricht in den Augenblick, in die Minute hinein, in die Stunde, in den Tag.

Tag für Tag, Woche für Woche, Monat für Monat, Jahr für Jahr redet der ewige Gott in die Minute, in den Augenblick, ja in die Sekunde hinein. Erfahre Ihn, und du wirst wieder reich werden, reich an Innerem Leben. Du *wirst den Ausdruck Gottes hören und die Kraft des Lebens in dir erfahren, denn was du schaust, was du hörst, was lebt, ist der Ausdruck des Ewigen. Erfahre das Leben, die Essenz in dir, das, was das Äußere hervorbringt. Gott ist das Gesetz, das Leben.*

Mein Bruder, Meine Schwester, Meine Kinder, Ich Bin in Gott, eurem und Meinem Vater, das redende, erlösende Prinzip jeder Seele – Christus, der Weg, die Wahrheit und das Leben, die Quelle und der Ursprung der Quelle.

Ich gab und gebe euch den Weg zum Ursprung der Quelle. Ich tauche euch in die Quelle, auf daß ihr verspürt, was Leben bedeutet, und Ich nehme jeden an der Hand und führe ihn zum Ursprung der Quelle, auf daß er wieder ist das Gesetz der Liebe.

Freuet euch, und verspürt in eurem Herzen Meine Nähe. Ich Bin da in Wort und Tat, der Christus, euer Erlöser und Führer zum Ursprung der Quelle, hin zum kosmisch ewigen Bewußtsein der Liebe. Der redende Gott wirkt in jedem von euch und ist mit euch von Ewigkeit zu Ewigkeit.

*Es ist eine hohe Zeit -
die Zeit des Christus.
Begebt euch in Meine Macht,
in die Macht der Liebe*

Offenbarung von Gott-Vater, 1987

Ich Bin euer Herr und Gott, der Schöpfer des Himmels und der Erde. Mein urheiliges Wort strömt über den Äther und erfaßt viele Meiner Kinder. Deren Herzen lauter sind, vernehmen Meine Stimme in ihrem Herzen – und sie spüren, daß Ich der ewige Geist Bin, der sich durch Menschenmund offenbart. Meine noch weltbezogenen Kinder hören Mein Wort mit den äußeren Ohren und können nicht verstehen, daß Ich, die allmächtige Schöpferkraft, zu den Meinen spreche.

Wisse du, der du mit den äußeren Ohren hörst: Ich Bin auch dein Vater der Ewigkeit. Solange Meine Kinder nicht lauter, nicht geistig sind, bediene Ich Mich irdischer Instrumente, also Menschen, durch die Ich rede, auf daß Meine Kinder – einerlei, auf welcher geistigen Stufe sie stehen – Mich vernehmen und verstehen können.

Ich Bin euer Herr und Gott, euer Vater von Ewigkeit zu Ewigkeit! Verspürt Meinen Ruf in euren Herzen, und ihr erkennt, daß sich die erlösende Kraft mehr und mehr verstärkt; denn im Zeitlichen wird sie allmählich ihren Abschluß finden. Christus, Mein Sohn, euer Erlöser, wirkt in jeder Seele und bemüht sich, in jedem einzelnen von euch die innere Liebe, die selbstlose Liebe, zu erwecken, denn Ich Bin die ewige Liebe. Ich Bin das ewige Gesetz – und das ewige Gesetz ist Liebe.

Alle Meine Kinder sind aus der ewigen Liebe und werden durch Christus wieder in das höchste Bewußtsein zurückgeführt, das Ich Bin – die Liebe. Solange jedoch der einzelne die innere Liebe nicht aufsucht, lebt er weltverhaftet und kann sich nicht vorstellen, daß es ein ewiges Reich der Liebe gibt – ein Reich des Friedens und der Harmonie. Doch, Mein Kind, auch wenn du dir das noch nicht vorstellen kannst, so bist du doch aus diesem Reich der Liebe und des Friedens – und du wirst wieder zurückkehren in das ewig feinstoffliche Reich der Liebe und des Friedens, in die ewige Heimat.

So mancher ist weltverhaftet und glaubt, die Erde sei seine Heimat. Er blickt auf das Zeitliche, haftet an menschlichen Errungenschaften und Dingen und kann sich nur schwer davon lösen. Solche Menschen sind an ihr menschlich Ich gebunden, an ihre Eigenliebe. Wer gebunden ist, ist unfrei. Jeder, der unfrei ist, kann nicht in das Reich der Liebe und des Friedens eingehen. Jegliche Bindung an diese Welt muß gelöst sein. Daher bemüht sich Christus, euer Erlöser, daß ihr frei werdet von allem Menschlichen, denn jede einzelne Seele muß ihr Ich kreuzigen, um in das ewige Bewußtsein der Liebe zurückzukehren.

Unzählige Menschenkinder fürchten sich vor dem Tod. Unzählige Menschen bangen und ringen um ihr Leben. Um welches Leben ringst *du, Mein Kind – um das zeitliche Leben? Wisse, das irdische Leben, an das du glaubst, ist Schein und nicht das Leben, das Sein. Du, Mein Kind, könntest im Zeitlichen niemals existieren, wenn nicht das Sein, das kosmische Leben, das Ich Bin, dich durchglühen und berühren würde!*

Hältst du also am Zeitlichen fest, dann wirst du auch nach dem irdischen Leibestode wiederkehren, und deine Seele wird nicht eingehen in den Geist, der Ich Bin, sondern zurückkehren in ein neues Fleisch. Das ist jedoch nicht der Plan deines Vaters, der Ich Bin. Der kosmische Plan für alle Menschenkinder und Seelen besagt: Kehre zurück ins Vaterhaus, in deine geistige Wohnung – dort ist dein Platz! Kreuzen jedoch die Seele und der Mensch den geistigen Plan, indem sich Seele und Mensch an das Materielle binden, so wird die Seele nach dem Leibestode wieder zurückkehren, ein neues Fleisch nehmen und unter Umständen wieder beginnen, wo sie als Mensch aufgehört hat. Das ist nicht der Wille deines Vaters!

Die Erde ist den Seelen gegeben, auf daß sie dort, im Erdenkleid, das bereinigen, was sie einst verursacht haben. Im Erdenkleid hat es die Seele wesentlich leichter, denn sie muß nicht alles am Geistleib verspüren, was sie einst verursacht hat. Hier auf Erden ist die Zusammenführung all derer, die miteinander noch einiges zu bereinigen haben. Geschieht dies, so löst sich allmählich die Seele von den irdischen Banden und blickt himmelwärts zu Dem, der Ich Bin.

Daher erkenne, o Mensch, daß du täglich sterben sollst: Laß dein menschlich Ich sterben, auf daß es in dir werde! Und so du in Meinem Geiste erwachst, wirst du in dir die Wiedergeburt im Geiste erleben, denn Der, der Ich Bin, kommt dir in deinem Inneren näher, und du wirst verspüren, was selbstlose Liebe ist.

Siehe, Ich schaue dich vollkommen. Ich sehe wohl deine Fehler, doch Ich bejahe sie nicht. Ich schaue dich vollkommen, Mein Kind, und sende dir Meine absolute Liebe. Deshalb wirst du einst zur selbstlosen Liebe erwachen. Wann, das bestimmst du – denn Ich habe dir den freien Willen gegeben. Doch in Christus kannst du sofort auferstehen und die Wiedergeburt im Geiste erspüren – die selbstlose Liebe, die alle Menschen eint, gleich, wie sie denken und handeln.

Liebet euch untereinander – und ihr werdet vielen trostlosen Menschenkindern Frieden bringen.

Liebet euch untereinander – und ihr werdet vielen Meiner kranken Kinder Hilfe bringen.

Liebet euch untereinander – und ihr werdet Unmögliches möglich machen, denn die Liebe vermag alles.

Liebet euch untereinander, und findet zusammen.

Haltet Frieden, dann wird es in dieser Welt heller. Und die Steine beginnen zu reden, und die Bäume strömen Liebe aus – die Schöpferkraft, die Ich Bin. Und die Sterne beginnen verstärkt zu leuchten; denn die Atmosphäre reinigt sich, und das glühende Leben der Liebe bricht herein auf diese Welt, durchdringt die

Erde und bringt hervor, was der Erdplanet birgt: das Reich des Friedens auf dieser Erde.

Wahrlich, die einander selbstlos lieben, das sind jetzt schon die bewußten Söhne und Töchter Gottes. Ihr, die ihr euch selbstlos liebt, Ich rufe euch! Euer ewiger Vater ruft Seine Söhne und Töchter: Höret die Stimme! Vereint euch, denn die Not der Meinen ist groß. Ich bedarf derer, die einander wahrlich lieben – denn Liebe heilt. Liebe löst die Schatten auf. Liebe bringt Frieden. Liebe ist Harmonie. Liebe ist die Macht des kosmischen Seins. Und wer sich in Meine Macht begibt, in die Macht der Liebe, ist unschlagbar!

Liebet euch untereinander und weicht das verkrustete Christentum auf! Weicht es auf, ihr Söhne und Töchter, denn überwuchert ist das Christentum mit Dogma und Form, mit Riten und Zeremonien, mit viel äußerem Schein. Strahlt hinein das Sein – die Liebe! Sprengt die Schale; denn in der Schale sind die Meinen. Ihre Herzen sind ebenfalls verkrustet von Anschauungen, Dogmen, Philosophien, Vorstellungen und vielem mehr. Ihr, die ihr euch selbstlos liebt, erkennt: Die einander selbstlos lieben, denen ist alles möglich; denn Ich Bin mit den Meinen!

O sehet, und erfühlet es in euren Herzen: Diese Welt, der Schein, erlischt. Doch aus den Himmeln und aus der Erde kommt das Sein. Bist du, Mein Kind, ein bewußter Sohn? Bist du, Mein Kind, eine bewußte Tochter? Dann bist du im Sein und nicht im Schein. Dann durchstrahlst du den Schein und erfaßt, was die Erdseele birgt und hervorbringt: das Reich Gottes auf dieser Erde.

Ich rufe Meine bewußten Söhne und Töchter: Findet euch am Ursprung der Quelle, hier an diesem Ort; denn von diesem Ort aus strahlt das Licht über die Erde und in die Stätten der Reinigung.

Ihr bewußten Söhne und Töchter, erfaßt Meinen heiligen Willen. Hier an diesem Ort will Ich die Zeichen der Liebe setzen, denn wer selbstlos liebt, der wird erfüllen und sicht-

bar werden lassen, was aus der Erdseele empor-
drängt: die Strahlung aus dem ewigen Jerusa-
lem.

Höret, ihr Söhne und Töchter, verstreut auf
der ganzen Erde: Ich rufe euch, Ich, euer Vater!
Kommt zum Ursprung der Quelle! Denn von
hier aus soll ein mächtiger Strom des Geistes
die ganze Erde und die Astralwelten erfassen.
Dieser Strom wird dann in der ganzen Welt
Gemeinden schaffen, ähnlich wie an diesem
Ort.

Doch jetzt ist die Zeit gegeben, am Ursprung
der Quelle das zu schaffen, was Jesus von Nazareth, Mein Sohn, angekündigt hat und mehrere Propheten. Das Reich Gottes – wahrlich,
es drängt aus der Erdseele empor! Mein Kind,
höre das Raunen aus der Tiefe der Erde – es
spricht zu dir; es ist Meine Schöpferkraft!

Kind, du lebst mitten in der Unendlichkeit.
Was ist schon der irdische Leib, wenn er nicht
durchstrahlt ist von Meiner heiligen Macht?
Dein irdischer Leib ist gut, denn so Ich ihn
durchstrahlen kann, wirst du Mein Wort – und
Mein Wort wird siegen.

Deshalb, Mein Kind, stehe auf, und lebe im Jetzt, indem du die Tage, die Stunden und Minuten nützt, denn du bist hier, dich von deinem menschlich Ich zu befreien, um frei Mir, deinem Herrn und Gott, deinem Vater, zu dienen. Komm und spüre! An diesem Ort weht verstärkt der Heilige Geist; an diesem Ort ist der Pulsschlag des Christusbewußtseins und der Ur-Impuls deines ewigen Vaters.

Zögere nicht! Blicke nicht zurück – sonst erfaßt dich das Feuer menschlichen Ichs und verzehrt dich.

Dann werden deine Ängste größer vor dem sogenannten Tod, weil du erkennst, du hast die Tage nicht genützt, dein Ich ist nicht gestorben – du spürst, du wirst wiederkommen. Doch wie lange noch? Die Zeit ist begrenzt für die Seelen, die an den Schein gebunden sind; denn sobald die Söhne und Töchter, die einander lieben, selbstlos lieben, mehr und mehr auferstehen, erlischt der Schein – das Sein ist da.

Mein Kind, erkenne: Dann wirst du im Seelenreich erkennen, was du versäumt hast, und du mußt es an deinem Seelenleib verspüren

– das, was du mit deinem Nächsten auf der Erde im Erdenkleid hättest bereinigen können. Denn siehe, nur all jene haben Angst vor dem sogenannten Tod, die im Schein stehen. Wisse, wenn du jetzt, in diesem irdischen Augenblick, das Zeitliche verläßt, wenn also dein irdischer Leib hinscheidet, dann bist du als Seele wiederum der gleiche, der du als Mensch warst. Und du wirst als Seele dort sein, wo du als Mensch warst – gebunden an das, was dir als Mensch lieb und teuer und wert war.

Glaubst du, o Mensch, der du im Schein stehst, wenn dein Leib jetzt hinscheidet, daß es dann anders ist? Der letzte Atemzug sagt: Du bist derselbe! Und du wirst nur dich sehen, so, wie du als Mensch nur dich gesehen hast. Und du wirst im Traum weiterleben, so, wie du im Schein geträumt hast. Daher nütze die Augenblicke, und lebe bewußt! Lebe so, daß du jeden Augenblick durch das Tor zum Leben gehen kannst, denn das ist der Wille deines Vaters, der Ich Bin!

Es ist eine hohe Zeit – es ist die Zeit des Christus, eures Erlösers. In dieser hohen Zeit wirken verstärkt die Mächte der Liebe und wirken in die Welt und in die Erde ein. Es ist Meine Macht, und es sind all jene, die in Meiner Macht leben, und jene, welche die Liebe selber sind.

Meine Söhne und Töchter im Erdenkleid, liebet euch untereinander – und die Boten der Liebe sind um euch. Liebet euch untereinander – und ihr seid geschützt von der höchsten Macht, der Liebe. Liebet euch untereinander – und ihr werdet erkennen: Der Geist der Ewigkeit ist mit euch, das Bewußtsein eures ewigen Vaters, der Ich Bin.

Träumt nicht – schaut in das Reale! Blickt tiefer in die Herzen derer, die mit euch sind, denn in jedem lebt der Christus und pocht an die innere Pforte. Mache auf – und du erfährst Ihn, Mein Kind! Er führt dich zu Mir, deinem Vater.

Meine Kinder, Meine Söhne und Töchter, erkennt in eurem Inneren, daß der ewige Geist da ist, daß diese Erde umhüllt und durchstrahlt ist von Mir, dem ewigen Sein, daß es in Mir kein Hier und Dort gibt – denn Ich Bin allgegenwärtig. Mache dir dies bewußt, und liebe! Liebe selbstlos – dann werden deine scheinbaren Feinde Freunde! Frage nicht, wann – sage: „Jetzt!" Denn liebe du sie, gleich, was sie sprechen, was sie denken. Kläre sie auf, und bete – dann erhellt sich die Welt, und es vollzieht sich, was in der Erdseele aktiv ist.

Wisse, Mein Kind, wisse, o Sohn, o Tochter, du bist gesegnet; denn Ich schaue dich vollkommen! Das ist die Fülle und die segnende Kraft, die dich unermüdlich berührt, von Ewigkeit zu Ewigkeit.

Mein Wort ist Leben. Es durchströmt die Unendlichkeit – es macht keinen Halt vor Zeit und Raum, denn Mein Wort ist Liebe. Liebe kennt keine Grenzen. Liebe du, Mein Kind, grenzenlos – und du lebst bewußt schon jetzt im Erdenkleid von Ewigkeit zu Ewigkeit in Mir, der Ich Bin, die Ewigkeit, dein himmlischer Vater, die Kraft der Unendlichkeit und die Unendlichkeit selbst.

Mein Wort gilt, denn Ich Bin – und es ist so, wie Ich es schaue, in alle Ewigkeit.

Lebt gegenwärtig – dann steht ihr in Kommunikation mit den erhaltenden, göttlichen Lebensenergien

Offenbarung von Christus,
zum Jahreswechsel 1989/1990

Neu von innen her wird der, der auf Mich, Christus, den Felsen, baut. Der Fels ist das Innere Leben, ist die Kraft und die Fülle aus Gott, unserem ewigen Vater.

Aus unzähligen Mündern spricht die Allgegenwart, Gott. Durch die unzähligen Bewußtseinsbereiche spricht die Allgegenwart, Gott. Und so ihr euer geistiges Bewußtsein mehr und mehr erschließt, sprecht ihr die Allgegenwart, Gott. Denn dann sind eure Empfindungen, Gedanken, Worte und Handlungen rein. Das Reine ist Gott. Solange ihr anders redet, als ihr denkt, sprecht ihr die Sprache des menschlichen Ichs und seid auch mit den Energiefeldern menschlichen Ichs verbunden – das heißt, ihr steht mit ihnen in Kommunikation.

Meine geliebten Brüder und Schwestern, immer wieder habt ihr gehört oder gelesen: Ihr könnt weder reden noch denken, noch empfinden, noch fühlen, ja ihr könnt euch nicht bewegen – außer, es ist euch die Kraft Inneren Lebens gegeben, auf daß ihr euch bewegen könnt, empfinden, fühlen, denken, reden und handeln könnt.

So muß sich jeder einzelne früher oder später die Frage stellen: Woher beziehe ich die Energie meiner Bewegungen – meiner Gefühle, meiner Empfindungen, Gedanken, Worte und Handlungen? Beziehe ich sie ausschließlich aus der Allgegenwart und Allkraft Gott – oder rufe ich sie von verschiedenen Ich-Energiefeldern ab, also von Kräften, die nicht in Einklang mit den Gotteskräften stehen?

Gott ist Leben. Das Leben, Gott, ist ständige Bewegung – ist ständiges Geben und Sichhin-

einfühlen in den Nächsten, um alles zu erfühlen, was der Nächste benötigt, was gut ist für die Seele. Das Leben, Gott, die allgegenwärtige, ewige Energie der Liebe, ist erhaltende Energie. Die erhaltende Energie erhält das Leben der Seele und erhält auch das physische Leben, den Menschen, bis der äußere Körper, der Mensch, hinscheidet.

Diese erhaltende Energie kommt dann in Bewegung und beflügelt die Seele und den Menschen, wenn der Mensch sich mehr und mehr dem inneren Felsen, Christus – Mir also in Gott, unserem Vater – zuwendet. Dann kommt die erhaltende Lebensenergie in Bewegung; die bewegende Gottesenergie wandelt dann alles Gegensätzliche in positive Lebenskraft um – das, was Seele und Mensch bereitwillig dem Inneren Leben bringen, also auf den Altar der Liebe legen und es dort auch belassen.

Meine geliebten Brüder und Schwestern: ... dort auch belassen! Denkt daran! Viele legen ihre Sünden, Fehler, Schwächen, ihre Probleme, Sorgen, Krankheiten und Nöte auf den inneren Altar. Kaum liegen die negativen Energien auf dem Altar der Liebe, nimmt der Mensch sie schon wieder hinweg und bewegt sich selbst. Die Folge ist, daß das Innere Leben die Negativenergie nicht umzuwandeln vermag, denn ihr habt sie wieder zurückgeholt und bewegt euch damit selbst.

Ja, ihr bewegt euch damit selbst. Wohin? Ihr bewegt euch auf die sogenannten Ich-Energiefelder zu, auf die Negativ-Energiefelder. Diese Energiefelder nennen wir „die lauernden Kräfte", die nur darauf warten, bis ihr in diesen Sog kommt – um dann auf euch entsprechend Einfluß zu nehmen. Sie können nur auf das Einfluß nehmen, was in euch ist – an Menschlichem also, das ihr bewegt. Womit ihr euch bewegt, damit werdet ihr zugleich bewegt – nämlich von der lauernden Energie, die dann auf euch vermehrt Einfluß nimmt, wenn ihr in diese Bereiche gelangt. Denn Gleiches zieht Gleiches an – Negatives nimmt wieder auf Negatives Einfluß.

So kann sich jeder die Frage stellen: Lebt er im Gestern? Dann lebt er nicht in Gott. Er ist bewegt und wird weiter bewegt von den Kräften, die er abruft und die nicht Gottes Kräfte sind. Die erhaltende Lebensenergie kommt kaum in Bewegung, weil sich der Mensch Negativkräften zuwendet und gleichzeitig hingibt – und zwar jenen Energien, die er in seinen Gefühlen, Empfindungen, Gedanken und Worten bewegt.

O sehet: Und so ihr auf das Morgen bezogen seid, schafft ihr neue Gegensatzenergien, die euch dann morgen beeinflussen. Ihr arbeitet euer Schicksal, eure Sorgen und Probleme aus – erstellt also Programme für morgen.

Wer jedoch bewußt im Heute lebt, der lebt im Jetzt – und lebt in der Gegenwart Gottes. Er plant wohl für das Morgen, doch übergibt den Plan der Allgegenwart Gottes und läßt sich von Gott führen, indem er wachsam ist und nichts zuläßt, was gegensätzlich ist – wie z.B. Neid, Feindschaft, Streit, Zweifel, Ängste und dergleichen.

Wer also auf die Gegenwart baut, der baut auf den Felsen Christus, auf Mich – und zugleich auf Gott; denn der Vater und Ich sind eins. Wer also in der Gegenwart lebt, der bringt die erhaltende Energie, die Lebensenergie, in Bewegung. All das Menschliche, das er dann auf den Altar innerer Liebe legt, wandelt sich in positive Lebenskraft um und fließt der Seele und dem Menschen zu. Auf diese Weise strömt das Leben immer mehr in Seele und Leib – für das, was bereut, vergeben ist, was von Herzen vergeben wurde. Wer von Herzen um Vergebung bittet, der empfängt – und dieses Empfangen ist die aktivierte Gottesenergie in der Seele und in den Zellen des irdischen Leibes. Der Mensch lebt bewußter; der Mensch ist auf den Augenblick bezogen – wachsam, was ihm der Tag zu sagen hat, wachsam, wie Gott ihn führt und wohin Er ihn führt.

Wer in diesem Bewußtsein Inneren Lebens lebt, der spürt, daß er von Tag zu Tag lichter und bewußter lebt. Die Seele füllt sich mit Licht; die Substanz, die Materie, wird feiner und lichter, der Mensch strahlender und leuchtender; seine Gefühle, Empfindungen, Gedanken, Worte und Handlungen werden selbstloser – er lebt gegenwärtig und ist sodann ein bewußtes Kind der inneren Liebe, ein bewußter Sohn, eine bewußte Tochter Gottes.

Erkennt, Meine geliebten Brüder und Schwestern, zum irdischen Jahreswechsel werden viele Wünsche ausgesprochen – die meisten sind auf den Körper bezogen. Der Mensch nimmt sich viel vor – und doch tritt vieles nicht ein.

„Ein gutes neues Jahr", spricht der Mensch. Woher kommt das Gute? Es kommt von Gott, denn Gott ist einzig gut. „Ich wünsche dir Gesundheit, Frieden und viel Glück!" Wer bringt den Frieden? Wer bringt die Gesundheit? Wer bringt das Glück? Einzig Der, der es ist – Gott!

Lebt also nicht im Äußeren! Von dort können gute Wünsche kommen; nehmt sie dankbar an und sagt: „Alles Gute kommt von Gott - denn das Gute ist Gott." Und so ihr auf das Gute baut, auf Gott, werdet ihr auch das ernten, was ihr an Wünschen empfangen habt.

Daher nehmt all die guten Wünsche, die dem Körper zugesprochen sind, mit nach innen und sagt: „Danke, das alles kommt von Gott!" Dann lebt ihr in der Gegenwart, und das, was morgen sein wird, ist dann wieder göttlich. Denn derjenige, der gegenwärtig lebt, der auf Gott baut – der trägt das in die Welt, wonach sich alle Menschen sehnen: Friede, Geborgenheit, Liebe, Gesundheit, Kraft, Glück und alles Gute.

Denkt daran: Wer bewegt euch? Denkt daran – und prüft euch! Prüft eure Gefühle, Empfindungen, Gedanken, Worte und Handlungen. Kommen sie aus der Gegenwart, aus dem Heute, aus Gott? Wenn nicht – wer steuert den Menschen? Denn ihr könnt nicht empfinden, nicht fühlen, nicht denken, nicht reden, nicht handeln, euch nicht bewegen, wenn ihr nicht in Kommunikation mit Kräften steht.

Prüft euch, und denkt über euch nach: In welcher Kommunikation steht ihr? Und so prüft – und denkt über das geistige Wissen nach! Habt ihr das geistige Wissen verwirklicht? Denn es genügt nicht, das geistige Wissen, die Wahrheit, beständig zu bewegen durch Worte, eventuell durch Handlungen, indem ihr sagt: „Ich tue es im Namen des Herrn" – und doch tut ihr es für euch, für das kleine Ich, um euch mit dem geistigen Wissen aufzuwerten.

Prüft euch! Was habt ihr mit den Gaben Inneren Lebens gemacht – mit dem geistigen Wissen? Habt ihr es verwirklicht? Dann habt ihr es gut verwertet. Habt ihr es nur bewegt? Dann habt ihr euch belastet, seid in die Sünde getreten wider den Heiligen Geist – denn die ewige Wahrheit, das geistige Wissen, ist Gott, der Geist des Lebens.

Wenn ihr also Rückschau haltet, so bewegt auch dies – Meine Worte, für euch gesprochen –, auf daß ihr euch selbst erkennt und in der Erkenntnis findet.

Ich bin der innere Fels. Wer auf Mich baut, der lebt in der Gegenwart und ist Instrument für lichtere Generationen.

Meine geliebten Brüder und Schwestern, Meine an Kindes Statt angenommenen Kinder, Ich Bin euer Bruder und Erlöser! Ich Bin der Weg, die Wahrheit und das Leben – Ich Bin der Fels. Wer auf Mich, den Felsen, baut, der hat den inneren Frieden.

Friede!

Das Absolute Gesetz,
in allen Details gelehrt –
das Ende der materialistischen Zeit

Offenbarung von Christus, 1991

Meine Liebe und Meinen Frieden strahle Ich euch zu.

Ich Bin das Wort der Himmel. Ich Bin Christus, euer Bruder und Erlöser. Ich kam zu euch, um unter euch zu sein.

Wahrlich, jetzt noch komme Ich, um unter euch zu sein – doch die Zeit reift heran, wo Ich im Geiste komme und unter den Meinen sein werde. Und die Meinen werden Mich schauen, weil sie Geist aus Meinem Geiste sind, das heißt, weil sie die Gesetze der unendlichen Liebe erfüllen.

In dieser angehobenen Stunde inneren Seins strahle Ich euch bewußt Meinen Frieden zu, denn ohne den inneren Frieden könnt ihr Mein heiliges Wort nicht verstehen. Ihr könnt es im

Inneren nicht erfassen. Ihr bleibt am Buchstaben haften und werdet so Mich nicht erkennen. Denn der Buchstabe als solcher tötet, doch der Geist im Buchstaben, der Ich Bin, macht euch lebendig. Daher erwachet! Werdet also lebendig in Mir, dem Auferstandenen, dem Christus Gottes.

O sehet: Die Zeit reift, weil die Stunden fliegen. Ja, sie fliehen gleichsam und kommen nicht wieder. Wißt ihr, was das bedeutet? Daß diese materialistische Zeit – die Welt also – zu Ende geht. Das Neue Zeitalter, das Zeitalter des Inneren Lebens, das Geistzeitalter, zieht herauf. Wer kann es aufhalten? Kein Mensch, auch nicht der Dämon. Es steht in Gott geschrieben, daß ein neuer Himmel und eine neue Erde entstehen werden im Angesicht Gottes. Was darunter der Dämon versteht, sei dahingestellt. Denn auch er will, was in Gott geschrieben steht. Was in Gott geschrieben steht, ist schon in Gott vollzogen und wird sich also auf der Materie und in den materiellen Gestirnen vollziehen – auch dann, wenn sich der Widersacher aufbäumt und alle Methoden einsetzt, deren er habhaft werden kann.

Denn solange Menschen ihr Ich pflegen, solange Menschen wie Gott sein wollen, wird sich der Widersacher dieser Menschen bemächtigen. Doch auch für diese Menschen kommt die Zeit, wo die Seele das Haus verläßt und alles, was sie im Namen des Dämonischen geschaffen haben, vergehen wird. Denn in Gott ist der neue Himmel und die neue Erde geschrieben.

Ich habe euch zum inneren Mahl gerufen, und ihr seid Meinem Ruf gefolgt. Höret Mein Wort in eurem Inneren. Das heißt: Erfasset den Sinn des Buchstabens, den Sinn des Wortes; denn es wird euch über Menschenmund gegeben.

Als Jesus hielt Ich mit Meinem Aposteln das letzte Abendmahl. Sinngemäß sprach Ich zu ihnen: „Nehmet das Brot, nehmet die Speisen, und gedenkt Meines Hinscheidens; denn Mein Leib wird hinscheiden, auf daß in jedem Menschen und in jeder Seele die Erlösung und gleichsam die Auferstehung vollzogen werden kann."

Ich sprach sinngemäß zu ihnen: „Trinket, und erfasset im Getränk das Symbol Inneren Lebens. Der Strom fließt und fließt reichlich. Es ist Gottes Liebe und Weisheit, Seine ewige Kraft. Wer Gottes Liebe und Weisheit an- und aufnimmt, wer also erfüllt, der ist gefüllt von Liebe und Weisheit, und es wird ihm an nichts mangeln. Denn Gott, die ewige Liebe, gießt das Füllhorn über alle Menschen und Seelen aus. Und die bereit sind, die inneren Gaben aufzunehmen durch Verwirklichung und Erfüllung der ewigen Gesetze – die werden in Mir bewußt auferstehen und werden mit Mir sein am Ende der materialistischen Tage."

Meine geliebten Brüder und Schwestern, so möchte Ich euch in dieser Stunde ansprechen. Diese Tage stehen vor den Türen der Menschen. Der Engel geht schon von Tür zu Tür. Und wo der Mensch nach und nach zum Lamme wird, empfängt er das innere Siegel. Und die Türen sind dann auch besiegelt mit der Kraft der Liebe und Weisheit – der Engel nimmt dies vor. Und vor diesen Pforten werden jene weichen, die das Siegel nicht haben. Sie werden vorübergehen, und die, die hinter den Pforten, hinter den Türen, leben, werden verschont bleiben. Die Zeit ist nahe. Erkennet sie!

In dieser Stunde, beim Abendmahl, spreche Ich zu euch ähnlich wie als Jesus zu Meinen Aposteln: Empfanget den Segen. Nehmet das Mahl auf, und dürstet nach der Gerechtigkeit und Liebe – und ihr werdet bewußt in Mir auferstehen und das Malzeichen tragen. Denn ohne das Malzeichen werdet ihr im Physischen nicht überdauern. Und so ihr als Seelen nicht das Malzeichen tragt, werdet ihr unvorstellbare Qualen zu erdulden haben.

Sehet: Ihr lebt in einer herrlichen Zeit. Es ist die höchste kosmische Zeit; denn der Geist des Lebens, Gott in Mir und Ich in Ihm, gießt das Höchste aus: das Absolute Gesetz.

Noch spreche Ich durch Menschenmund. Doch wisset und erfasset in dieser Stunde: Die Seele Meines Instrumentes, eurer Schwester, lebt in der unmittelbaren Quelle. Sie schöpft aus der Quelle, empfängt aus der Quelle – und so empfanget ihr Mein unmittelbares Wort.

O sehet: Es ist eine Zeit für die Menschen, die nie wieder kommen wird. Denn wenn das Absolute Gesetz in allen Details gelehrt wird, dann ist das Ende vor der Türe, das Ende der materialistischen Zeit.

Nützet die Zeit – denn ihr wißt nicht, wie oft ihr noch in diesem Sinne zum inneren Mahl, zum Abendmahl, zusammenkommen werdet. Denn sehet, wenn Ich Mein Wort durch Mein Instrument nicht mehr erheben werde, dann heißt es: Ihr sollt sein. Das bedeutet: Ihr sollt zum Wort des Lebens geworden sein und somit bewußt in Mir leben.

Ihr werdet sagen: „Gott wird uns noch Propheten senden." Ich sage euch: Diese Sendungen gehen mehr und mehr zurück; denn die materialistische Zeit geht zur Neige. Es werden da und dort noch Propheten auftreten; doch das Wort kommt nicht mehr aus der unmittelbaren Quelle. Es sind dann Eingebungen oder

Abrufungen, oder sie kommen aus dem Verstandeswissen; denn die Atmosphäre ist erfüllt von Liebe und Weisheit, gegeben aus dem Ursprung des Lebens, aus der unmittelbaren Quelle, Gott.

Und ihr werdet jetzt schon und auch in der Zukunft erleben: Da und dort werden sich sogenannte Gruppen und Grüppchen bilden. Doch sie tragen wenig innere Lebenskraft, weil es nur Eingebungen oder Abrufungen sind oder Lehren aus dem schon Offenbarten aus der unmittelbaren Quelle, Gott.

Und so werden viele erkennen müssen: Es gibt nur e i n Licht, und dieses Licht Bin Ich, Christus. Und dieses Licht ist der unmittelbare Geist, das ewige Leben, das allumfassende Sein, auch universelles Sein oder universelles Leben genannt. Aus dieser Kraft entsteht das Friedensreich, und aus keiner anderen Quelle wird es kommen. Und die nicht zum Volk Gottes gehören, zum Reiche des Friedens, zum Inneren Reich, gehören dem Widersacher an, und der Widersacher nimmt sie zu sich und macht mit ihnen, was ihm beliebt.

Doch auch diese Zeit geht zu Ende – und die Auferstehung Bin Ich im Reiche des Friedens.

Die Lehren aus dem Absoluten Gesetz zeigen den Menschen das innere Erbe auf, das ewige Sein der Seele, das allumfassende Bewußtsein, Gott – euer geistiges Erbe. Der Innere Weg führt euch schrittweise zum Inneren Leben, und das Absolute Gesetz, gegeben und gelehrt aus der unmittelbaren Quelle, Gott, zeigt euch euer wahres Sein auf, euer geistiges Erbe, auf daß ihr ganz allmählich wißt und erkennt, daß ihr wahrlich Kinder des Allerhöchsten seid.

O erkennet: Ich führe euch zum Ursprung des Lebens, zur ewigen Quelle. Ich führe euch zu eurem geistigen Erbe, und es erschließt sich in euch, indem ihr euer Menschliches erkennt und den Weg der Reue und Bereinigung geht, um das Sündhafte dann nicht mehr zu tun. Auf diesem Weg begleite Ich euch, auf daß ihr hineinwachst in das Innere Leben, in das Reich Gottes, das inwendig in jedem von euch ist und das im Äußeren auf der sich reinigenden Erde Gestalt und Form annimmt.

O erkennet: Der Widersacher, der Dämon, sieht das große Geschehen, sieht das mächtige Licht, das der Erde immer näher kommt. Was spricht er zu den Seinen?: „Ihr sollt gleich Gott sein. Betet euch selbst an, indem ihr euer menschlich Ich immer mehr steigert und euch hineinsteigert in das, was euch gegeben ist – Gott zu sein."

Er sieht: Ich führe die Meinen zum göttlichen Erbe, zu ihrem wahren Sein. Was sagt er?: „Jetzt ist es höchste Zeit, das irdische Erbgut zu manipulieren, so daß sie nicht mehr zum geistigen Erbe finden, so daß es unendlich lange Lichtabschnitte" – er spricht von „Zeiten" – „dauert, bis die Seele sich wieder im Inneren Licht findet."

Er ist der Ansicht, durch Manipulationen doch noch s e i n Reich aufzubauen. Denn, wie ihr gehört habt: Was Ich in dieser Welt und in der Atmosphäre tue, durch die Meinen, das tut der Widersacher durch die Seinen. Es begegnen sich zwei Kräfte: das Licht und die Finsternis. Der Kampf wird auf der Erde ausgefochten, auf dem Territorium des Widersachers.

Wer steht dazwischen? Es sind die Menschen, die einmal warm, dann wieder kalt sind; die letzten Endes nicht wissen, was sie wollen; die immer wieder ihr menschliches Ich pflegen, anstatt es abzulegen; die sich also am menschlichen Erbgut festhalten, anstatt das innere Erbe anzutreten; die nicht frei werden wollen, sondern manipuliert werden wollen.

Alles hat zwei Seiten: entweder – oder; für Mich oder gegen Mich; für Mich, Christus, oder für den Widersacher. In diesem Kampf stehen gar viele. Doch der Kampf geht dann zu Ende, wenn der Mensch die Entscheidung trifft für Mich. Und so er in jeder Situation entschieden bleibt, entschieden für Mich, wird er bald erkennen, daß sich ihm der Engel nähert und die Pforte besiegelt. Denn der, der wahrlich das geistige Erbe antritt, um in Mir zu leben, der wird geführt, und er spürt plötzlich, daß er nur dort sein kann, wo Menschen das Ja, das echte, tiefe Ja, Mir, Christus, gegeben haben, indem sie Tag für Tag die Gesetze Inneren Lebens erfüllen.

Denn wisset: Das Volk Gottes baut sich auf. Und alle Menschen sind gerufen, zum Volk Gottes zu finden – zu finden durch das Ja, in welchem die Verwirklichung der ewigen Gesetze besteht. Nur kommen, um sicher zu sein, bewirkt die Abstoßung. Denn der Mensch, der nur nach Sicherheit strebt, wird auch im werdenden Volk Gottes keine Sicherheit haben. Das innere Wachstum vieler wird ihn wie automatisch abstoßen, weil er nicht mehr zu jenen findet, die tagtäglich erfüllen.

Deshalb heißt es „komme", und im Kommen heißt es: Erfülle. Denn alle sind gerufen. Die Auserwählten bilden das Volk Gottes, und auserwählt ist der, der die Gesetze Inneren Lebens mehr und mehr erfüllt.

Wie lange könnt ihr also noch so, wie derzeit es ist, euch zum inneren Mahl zusammenfinden? Wie lange noch? Wie lange noch werdet ihr Mein Wort durch Mein Instrument vernehmen? Wie lange noch? Ich sage es euch: Ihr selbst könnt die Zeit am Weltgeschehen ablesen. Wehe jenen, die bis zum Ende der materialistischen Zeit, bis alles in sich zusammen-

bricht, nicht zum Inhalt des Wortes gefunden haben, das Ich Bin.

O sehet: Das Füllhorn wird ausgegossen – der Innere Weg, das Absolute Gesetz. Erkennet darin, daß das Absolute Gesetz, gegeben in allen Details, schon das Ende der materialistischen Zeit symbolisiert. Denn absolut ist nun mal absolut. Darüber hinaus gibt es nichts mehr. Und wer nicht dem Absoluten zustrebt, der wird hinweggenommen werden.

Wollt ihr also um die Zeit wissen, wann das Ende der materialistischen Zeit sein wird? Dann lest in dieser Welt. Hört und lest, was die Massenmedien berichten. Hört heraus, was sie nicht sagen. Lest zwischen den Zeilen, und ihr wißt, wann die materialistische Zeit zu Ende geht.

Meine geliebten Brüder und Schwestern: O, Ich rufe euch! Das Herz des ewigen Vaters sehnt sich nach jedem einzelnen von euch, und die Sehnsucht des ewigen Vaters geht hinaus in diese Welt. Denn Er, der jeden einzelnen liebt, möchte, daß kein Kind Schmerz, Leid,

Not, Krankheit und Siechtum zu tragen hat. Er möchte, daß alle Menschen und Seelen in Seinem Geiste erwachen, in dem Ich, Christus, Bin.

Und so ruft Er und ruft – und ruft jeden von euch in der Bitte: „Mein Kind, kehre um! Siehe, Ich brauche dich. Finde in das Wort hinein. Finde", so spricht der Ewige, „zu Meinem Sohn, deinem Erlöser. Sei eins mit Ihm, und sei so ein Helfer und Diener des wahren, ewigen Seins, des ewigen Gesetzes. Ja, Kind", so ruft der Ewige, „Kind, siehe, Ich brauche dich! Bist du in Mir und somit in Meinem Sohn auferstanden, dann bist du selbstlos, und die selbstlose Liebe strahlt immer mehr Menschen an. Denn", so spricht der Ewige, „Kind, durch Meinen Sohn will Ich erretten, ja, Retter sein, Helfer in jeglicher Not.

Doch die Herzen der Menschen können nur berührt werden und die Sehnsucht vieler Herzen kann nur gestillt werden, wenn es Menschen gibt, die in sich die innere Quelle, das ewige Sein, erschlossen haben und aus der Quelle ewigen Seins schöpfen. Dann sind sie schöpferisch gebend – gebend aus der Quelle, die nie versiegt: Gott."

Diese Stunde Inneren Lebens – bei diesem Abendmahl berühre Ich euch wiederum. Höret durch Mich die Stimme unseres ewigen Vaters: „Kind, kehre um! Werde dir bewußt, daß du ein Kind der Liebe bist. Kehre um, wende dich nach innen; erfülle mehr und mehr die ewigen Gesetze. Denn siehe: Sie werden dir gereicht. Alle Facetten Inneren Lebens strahle Ich dir zu, noch im menschlichen Wort, auf daß du begreifst und dann ergriffen bist von der inneren Liebe, so daß du Schritt für Schritt zu dem wirst, was du in der Tiefe deiner Seele bist: göttlich. Denn nur göttlich durchdrungene Menschen können wahrlich Retter sein – und die Hilfe und die Errettung tun not."

„Siehe", so spricht der Ewige durch Mich, Christus, „das Reich des Friedens tut sich auf. Ein Volk wird erstehen – Mein Volk, das Volk innerer Liebe. Und Ich, der Ewige, werde bei Meinem Volke sein. Spüret – spüret in euren Herzen die Sehnsucht des Ewigen! Spüret, daß die Sehnsucht durch euch hindurchstrahlen möchte, hinaus in diese Welt. Denn die vielen Menschen bedürfen des wahren Wortes. Worte werden viele gemacht. Worte aus dem ewigen Gesetz werden viele gegeben. Doch ist das Wort nicht erfüllt, so füllt es auch nicht die Herzen der Suchenden, so pocht es auch nicht an das noch kalte Herz."

Seid bereit, zu werden, um dann zu sein!
Denn sehet: Die Zeit reift. Wie oft könnt ihr euch noch so zusammenfinden wie in dieser irdischen Stunde? Wie oft könnt ihr noch aus der unmittelbaren Quelle hören? Nützet die Zeit! Wohl dem, der in die innere Quelle, in das ewige Sein, hineinreift. Er hört nicht mehr. Er braucht nicht mehr die Eingaben. Er wird nicht mehr abrufen. Er wird auch nicht mehr aus dem Intellekt das geben, was er sich an Wissen, an geistigem Wissen, angeeignet hat – er i s t das Sein und spricht die Sprache des Seins, so, wie es euch jetzt schon gegeben ist in den Auslegungen aus dem Absoluten Gesetz. Denn der Mensch, durch den Ich spreche, legt

aus aus der Quelle der Liebe. Er spricht das Gesetz, auch dann, wenn Ich nicht unmittelbar aus dem Strom durch den Menschen zu euch rede.

Und so sollt ihr werden: schöpferisch, das Sein. Es ist möglich. Ihr habt ein Vorbild und ein Beispiel. Tuet es. Folget Mir nach, und erfüllet, und ihr werdet auch ein Beispiel für viele sein – das Beispiel, gleich Vorbild, denn nur wahre Vorbilder können noch auf dieser Erde bestehen.

Meine geliebten Brüder und Schwestern, heiligt diese Stunde. Wahrlich, heiligt sie. Denn die Zeit eilt, ja, die Stunden fliegen, gleich fliehen. Wie oft noch?

Und so empfanget das Brot aus den Himmeln. Empfanget die Speisen und die Getränke. Sie sind euch gegeben vom ewigen Vater. Im Brot, in den Speisen und in den Getränken ist die heilige Schöpferkraft, das Licht, die Gaben für die Seele. Die Hülle ist für den irdischen Leib.

So empfanget beides: Das Geistige für den geistigen Leib, die Hülle – das, was das Geistige umschließt, die Materie, die Dichte – für den physischen Leib. Nehmet hin, und gedenket Meiner. Tuet dies in Meinem Gedenken. Und wisset: Ich Bin unter euch, doch Ich werde zu den Meinen kommen und mit ihnen sein und unter ihnen leben – nicht mehr im Fleische, sondern als Wesen aus dem Geiste.

Gedenket dieser Stunde!

Ich gehe durch die Reihen und poche an eure Herzen in der Frage: Bruder, Schwester, willst du Mir wahrlich nachfolgen? Der Vater ruft dich. Der Vater braucht dich. Der Vater liebt dich. Komme, werde ein Glied an der Kette Inneren Lebens, und gehöre wahrlich zum werdenden Volk Gottes. Und so du wahrlich reifst, wirst du noch vielen helfen. Denn viele suchen, und viele werden finden, weil Ich Mich finden lasse durch die Meinen.

So empfanget aus dem Füllhorn des Lebens die Gaben des Lebens, und wisset: Sie sind von der allumfassenden, ewigen Liebe gesegnet, von Gott, eurem und Meinem Vater. Nehmet bewußt Seine Sehnsucht auf! In den Worten „Er liebt euch. Er liebt uns" strahle Ich euch Seine Liebe, Seine väterliche Liebe, zu. Er liebt euch! Er liebt uns! Wisset: Wir gehören zusammen, denn wir sind alle Söhne und Töchter der unendlichen, ewigen Liebe.

Gott, unser ewiger Vater, liebt uns. Empfanget!

Kehre ein
in den Seelengrund -
denn der Seelengrund
Bin Ich

Offenbarung von Christus, 1991

Ich Bin der Ich Bin in Gott, dem Ewigen, Christus, der Sohn Gottes, der Mitregent der Himmel.

Meine Stimme schallt durch den Äther. Viele Menschen hören Mein Wort durch Menschenmund; denn Ich habe Mir eine Prophetin genommen, auf daß ihr Menschen Mich vernehmt, den Christus Gottes, euren Erlöser, den Friedefürst für das Reich Gottes auf dieser Erde.
Höret Meine Stimme! Sie durchdringt diese Erde. Sie durchdringt die Stätten der Reinigung. Mein Wort ist das Wort der Himmel. Da die Himmel nicht die Sprache der Erde haben, deshalb spreche Ich durch Menschenmund.

Mein Licht scheint also auf diese Erde, und wer Mein Licht zu fassen vermag, der hört Meine Stimme. Meine Stimme ist das All; denn Ich Bin im Gesetz des Ewigen das All. Und wer das Gesetz des Alls, das Gesetz der Liebe, lebt, der verkörpert die Liebe des Alls, so, wie Ich, der Sohn Gottes, die Liebe des Alls, das Gesetz des Ewigen, verkörpere.

Als der Sohn Gottes trete Ich wesenhaft in die Atmosphäre der Erde – in die atmosphärische Schicht, die sich ganz allmählich aufbaut für das Reich Gottes auf dieser Erde, die sich reinigt und vorbereitet für die große Zeit Inneren Lichtes.

Ich Bin der freie Geist. Ich Bin nicht der Geist der Konfessionen. Ich Bin nicht der Geist, der an Dogmen geschmiedet ist. Ich Bin nicht der Geist in euren Tabernakeln und nicht der Geist in euren goldverbrämten Kirchen. Ich Bin nicht der Geist in euren sogenannten christlichen Parteien. Denn Ich Bin unparteiisch, weil Ich die Liebe verkörpere und die Liebe zu euch bringe, so, wie Ich sie als Jesus von Nazareth zu den Menschen gebracht habe. Ich Bin nicht der Geist des Krieges. Ich Bin nicht der Geist der Zerstörung. Ich Bin nicht der Geist eurer Bomben und Gewehre, eurer Raketen. Ich Bin nicht der Geist, der Menschen tötet.

Ich Bin der Geist der Liebe, der Freiheit – und letztlich der Sehnsucht aller Herzen, die sich zu Mir, dem Christus Gottes, erheben.

Ich Bin der Geist in jedem von euch. Denn ihr Menschen seid der Tempel des Heiligen Geistes, und wer den Tempel heiligt, indem er die Gesetze des Heils erfüllt, der ist es, der Meine Stimme vernimmt.

Ihr braucht nicht da- und dorthin zu gehen. Ihr braucht nicht sogenannte Steinhäuser als Kirchen aufzusuchen. Werdet ihr bewußt der Tempel aus Fleisch und Bein – und ihr werdet Meine Stimme hören, und ihr werdet die Stimme des Alls verkörpern in euren Empfindungen, Gedanken, Worten und Werken. Einerlei, wo ihr euch als Menschen befindet, ob ihr Mich über den technischen Strom vernehmt oder unmittelbar – Ich sage euch: Wo ihr euch auch befindet, dort Bin Ich, weil Ich in euch wohne.

Ich Bin nicht der tote Mann an euren Kreuzen. Ich Bin der Auferstandene, Christus, der zu euch redet und euch ermahnt, bewußter zu leben. Bewußt zu leben heißt, euch bewußt zu werden, wer ihr seid. Wer hat schon darüber nachgedacht, wer er i s t ? Wer über sich selbst schon einmal nachgedacht hat, w e r er ist, der gelangt zu der Erkenntnis, daß er nicht von dieser Welt sein kann; denn er erkennt, daß diese Welt zerfällt und daß alle mit in die Grube fallen, die sich nur als Menschen sehen und nicht das Innerste heiligen, das Gesetz der Liebe, des Friedens und der Freiheit.

Wer bist du, o Mensch? Solange du glaubst, daß du nur Mensch seist, bist du von dieser Erde und bist blind für die Wahrheit – ja, du lebst bewußtlos und glaubst, daß das menschliche Leben dein wahres Leben wäre. Ich aber sage dir: In dir wohnt die Seele, und der Seelengrund Bin Ich, das Leben.

In deinem physischen Leib wohnt also der geistige Leib, den der Ewige geschaffen hat. Solange dieser dein Geistleib, wohnend in deinem physischen Körper, belastet ist, wird er Seele genannt. Mache dir bewußt: In deinem Seelengrund, also in dir, wohne Ich, der Geist Christi, die Erlösung und der Weg ins kosmische Bewußtsein, in das ewige Reich deines und Meines Vaters.

Stelle dir die Frage: Bist du dann von dieser Welt? Wo kommst du her?

Wahrlich, o Mensch, Ich sage dir: Dein Innerstes kommt aus dem ewigen Reich. Es hat sich belastet und ist als Seele in dir. Ich Bin der Wesensgrund deiner Seele und poche tagtäglich, stündlich und minütlich an dein Herz. Wer Mein Pochen vernimmt und sich dem Seelengrund zuwendet, Mir, dem Christus, der wird bewußt zum Tempel Gottes; denn er heiligt sein Leben durch seine geheiligten Empfindungen, Gedanken, Worte und Werke.

Wer sein Leben heiligt, der wird weder töten noch morden. Er braucht keine Parteien, weil er unparteiisch ist. Er braucht keine Raketen, weil er nicht zerstört. Er führt keine Kriege, weil er die selbstlose Liebe ist, der innere Friede und die Freiheit. Er braucht keine goldverbrämten Dome und Kirchen. Er kniet nicht nieder vor Tabernakeln.

Er wohnt im Allerheiligsten, das in ihm ist, im Seelengrund, dort das Heil der Kinder Gottes ist. Dieser Mensch ist bewußt zum Tempel Gottes geworden, weil er sein Leben heiligt. Sein Leben besteht aus seinen Empfindungen, Gedanken, Worten und Werken, die er heiligt, indem er mehr und mehr die Gesetze des Lebens erfüllt.

Du fragst, was die Gesetze des Lebens sind? Nimm die Zehn Gebote zur Hand. Sie sind Auszüge aus dem Gesetz des Lebens. Beginne, die Zehn Gebote zu erfüllen – und du wächst hinein in den Seelengrund, und dir wird das ganze Gesetz des Alls offenbar, weil du dann selbst zum Gesetz des Alls wirst. Dann bist du bewußt der Tempel des Heiligen Geistes, und du weißt, ja, es ist dir zur Gewißheit geworden: Wo du bist, wohin du gehst – du bist der Tempel *des Heiligen Geistes. Und du wirst aus dem Seelengrund schöpfen, aus dem Geist der Wahrheit, und wirst wahrhaftig sein.*

Erkennet, ihr Menschen, einerlei, wo ihr euch befindet: Ich Bin in jedem von euch der Seelengrund.

Mensch, wer bist du? Was hältst du für dein Leben?

Erkenne: Alles Gegensätzliche – Krieg, Zerstörung, Sünde wider den Heiligen Geist –, alles ist satanisch. Deine sündhaften Empfindungen und Gedanken sind satanisch und nicht das Leben des Seelengrundes.

Was ist satanisch? Deine Gedanken wider deinen Nächsten. Deine haßerfüllten, zornigen Gedanken, Neid, Streit, Feindschaft, die im Krieg und in der Zerstörung endet und sich dort wieder aufbaut zu dem, was diese Gedanken in sich tragen: Krieg, Zerstörung, Mord und vielem mehr.

Wer bist du? Frage dich – und werde dir bewußt, ob du kriegerisch bist oder friedfertig. Bist du kriegerisch, dann trägst du zum Krieg, zum Kampf und zur Zerstörung bei. Bist du friedfertig in deinen Empfindungen, Gedanken, Worten und Werken, dann trägst du wahrhaftig zum Frieden bei und bist Miterbauer des Reiches Gottes auf dieser Erde.

Prüfe dich, und sei dir deiner Empfindungen, Gedanken, Worte und Werke bewußt!

Prüfe dich also! Was denkst du?

Wie verhältst du dich gegenüber deinen Mitmenschen? Das bist du selbst. Denn deine Empfindungen, Gedanken, Worte und Werke, das bist du – und nicht dein Nächster. Das ist entweder der Seelengrund – oder die Bewußtlosigkeit des menschlichen Ichs, woraus Kriege, Mord und Zerstörung hervorgehen.

Werde dir also bewußt, wer du bist. Denn deine Empfindungen, Gedanken, Worte und Werke sind das Saatgut deines Lebens. Was säst du also in den Acker deiner Seele? Säst du das Licht durch deine friedfertigen Empfindungen, göttlichen Gedanken, selbstlosen Worte und Handlungen? Oder säst du in deinen Acker der Seele Haß, Neid, Zerstörung, Feindschaft, Krieg, Mord und dergleichen? Was du säst, das bist du, das prägt dich, das zeichnet dich – und das wirst du auch in dieser Welt tun und ausführen.

Daher erkennet die Friedfertigen, und erkennet jene, die in der Bewußtlosigkeit leben, die sich den Dämonen verschrieben haben. Sie zerstören diese Welt und wirken zerstörerisch auf die Erde, auf eure Mutter, ein, die die Menschen ernähren möchte!

Erkennet vor allem euch selbst! Seid ihr friedfertig? Oder wirkt ihr mit an der Zerstörung der Welt und an der Verunreinigung der Erde? Jeder kann sich selbst die Frage stellen. Ich rege sein Gewissen an.

Erkennet in dieser Stunde Meiner Offenbarung, wer ihr seid. Denn es spricht zu euch kein Geringerer als der Sohn Gottes, der einst in Jesus über diese Erde wandelte und die Sprache der Menschen sprach.

So höret wieder Meine Stimme, jedoch durch Menschenmund, und erfaßt euer Leben. Werdet euch eures Lebens bewußt.

Seid ihr friedfertig oder kriegerisch? Gehört ihr bewußt Mir, dem Christus Gottes, an? Oder gehört ihr dem Dämonischen an? Ihr steht vor der Entscheidung: für oder gegen Mich! Denn das Blatt dieser Erde wendet sich. Aus den Trümmern dieser Welt steigt das wahre Christentum empor. Es kennt keine Dogmen und Riten. Es bedarf keines Tabernakels und goldverbrämter Dome und Kirchen. Das wahre Christentum ist unparteiisch und bedarf keiner Partei, weil ich keine Partei ins Leben gerufen habe, so, wie Ich auch keine Kriege befürworte.

Wem wendet ihr euch zu? Dem Scheinchristentum – oder dem wahren Christentum? Wo beginnt das wahre Christentum zu leben? In euch, in jedem von euch! Es lebt in euren lichten Gedanken, in euren selbstlosen Worten und Werken. Christsein bedeutet, Mir, Christus, nachzufolgen.

Ich brachte euch als Jesus die Gesetze des Lebens – Ich bringe sie euch wieder als Christus Gottes. Und wer Mir nachfolgt in Wort und Tat, das ist der wahrhaftige Christ, und nicht

der Scheinchrist, der Meinen Namen miß-
braucht.

*Jeder möge sich prüfen, wem er angehört.
Seine Gedanken, Empfindungen, Worte und
Werke sagen es ihm. So ihr eurer Herkunft
bewußt werdet, werdet ihr auch bewußt leben.
Ihr werdet tagtäglich, stündlich und minütlich
eure Empfindungen, Gedanken, Worte und
Werke überprüfen in der Frage: Sind sie sata-
nisch, oder sind sie göttlich?*

*Wer bewußt lebt, der überprüft sich selbst
und wird so selbst erfahren, wer er noch ist.*

*Ich strahle euch Meine Kraft und Meine
Liebe zu; denn in dieser geheiligten Stunde,
in der Mein Wort durch Prophetenmund fließt,
hebe Ich euer geistiges Bewußtsein an und das
Bewußtsein der Erde, auf daß ihr euch selbst
prüfen könnt, ob ihr bewußt lebt oder bewußtlos, ob ihr geführt werdet vom Geist der Wahrheit oder gesteuert von den negativen Kräften,
von dem Widersacher, der das Licht zu löschen
versucht. Es bleibt beim Versuch! Denn das
Licht, das Ich Bin, Christus, wird siegen.*

69

Wo stehst du – beim Sieger oder beim Besiegten? Frage dich jetzt, in diesen Augenblicken, indem du deine Empfindungs- und Gedankenwelt prüfst. Wo bist du mit deinen Empfindungen und Gedanken? Wer bist du? Das sagen dir deine Empfindungen und Gedanken.

Prüfe dich!

Hast du dich geprüft? Dann weißt du, wohin du tendierst – zu Mir, dem Christus, oder in diese materialistische Welt, die nicht nur am Abgrund steht, ja, die schon in den Abgrund hinabrutscht. Wirst du mit in den Abgrund hinabgleiten? Frage dich! Deine Empfindungen, Gedanken, Worte und Werke sind dein Spiegel. Blicke hinein – und du erfährst dich, wer du bist; ob du am Abgrund stehst oder schon in den Abgrund hinabgleitest, oder ob du zu Meiner Rechten stehst. Prüfe dich!

Dein Leben besteht aus deinen Empfindungen, Gedanken, Worten und Werken – das bist du.

Wer bist du? Wo stehst du?

Prüfe dich!

Mein Kind, wie du auch denkst, wo du auch steht, zu Meiner Rechten oder am Abgrund oder schon auf der Talsohle menschlichen Ichs – Ich sage dir: Ich Bin dein Seelengrund und dein Retter.

Kehre um! Denn diese materialistische Welt vergeht. Kehre um – diese Erde reinigt sich. Erkenne: Der Erdmensch bäumt sich auf. Es geschieht, was Ich als Jesus gesagt habe: Wenn die Menschen nicht das Gesetz des Lebens erfüllen, dann wird über sie Krieg, Zerstörung, Plünderung, Erdkatastrophen, Kriege und vieles mehr kommen.

Wo steht ihr? Ihr steht mitten in dem, was Ich vorhergesagt habe. Doch Ich Bin und bleibe euer Retter und Erlöser, Christus. Laßt Mich von euren Kreuzen herabsteigen, und sehet das Kreuz ohne Corpus als das Kreuz des Sieges. Nehmt es an als das Kreuz des Sieges, und betet zu Mir, dem Auferstandenen, der in euch wohnt; denn ihr seid der Tempel des Heiligen Geistes. Betet zum Auferstandenen, und ihr betet zu Gott, eurem und Meinem Vater; denn Ich Bin eins mit Ihm, e i n Geist, e i n e Wahrheit – das Leben in euch.

Und so ihr wahrhaftig zum Geist des Auferstandenen betet, der in euch wohnt, werdet ihr bewußt leben – ja, ihr werdet eure Empfindungen, Gedanken, Worte und Werke reinigen, das heißt umgestalten vom Gegensätzlichen zum Gesetzmäßigen durch Meine Kraft, die in euch wohnt. Dann bedarf es keiner Äußerlichkeiten, keiner Zeremonien und Dogmen, keiner Riten und Formen.

Menschenkind, erwache und erkenne: Wo du bist – Bin Ich! Siehe: Ich Bin auch in deinen menschlichen Gedanken. Erkenne deine menschlichen Gedanken. Bringe sie Mir! In dir wandelt sich das Menschliche zum Göttlichen, weil Ich in dir der Verwandler Bin. Ja, Ich verwandle dein ganzes Wesen, weil Ich in dir das Leben Bin.

Du sollst leben, weil ich das Leben Bin. Und du wirst einst leben, weil du das ewige Leben in Mir bist. Wann wird dies sein? Dann, wenn *du dich in Mir wandelst, vom gegensätzlichen zum gesetzmäßigen Leben.*

Prüfe dich, und erfahre dich selbst! So, wie du dich zu verwandeln vermagst durch Mich, so verwandelt sich die Erde durch die Kraft des Schöpfergottes; denn der Geist ist in allem, der Geist ist in jedem Atom. So ist der Geist in den Raketen, in den Bomben – überall i s t der Geist; doch Er i s t nicht die Rakete; Er i s t nicht die Bombe; Er i s t nicht das Kriegsflugzeug, die Kriegsmaschinerie. Er ist i n allem der Verwandler, und so wird Er alles umwandeln – das Negative zum Positiven. Er i s t nicht das Gift, das die Menschen der Erde geben – Er ist i m Gift die Umwandlung zum Positiven.

Und all jene, die Mir wahrlich nachfolgen, sind die Mitgestalter, die Mitumwandler, um das zu erreichen, zu fördern, ja und letzten Endes zu bringen, was offenbart ist: das Reich Gottes auf der gereinigten, also verwandelten Erde.

Und es wird Friede sein.

Jetzt besteht noch Mord und Totschlag. Jetzt bäumt sich noch die Erde auf. Jetzt ist noch das kriegerische Verhalten auf der Erde. Jetzt bedarf es noch eurer Parteien. Doch dieses „Jetzt" ist Täuschung – es ist nur Schein und Vergänglichkeit. Das Satanische bäumt sich auf und zerfällt, ja, es fällt in sich zusammen.

Du bist Mein Kind. Einerlei, wo du dich befindest – Ich Bin dein Seelengrund. Werde dir bewußt, wer du bist! Willst du klagen, weil du krank bist? Willst du klagen, weil du obdachlos bist? Willst du klagen, weil du verzweifelt bist?

Frage dich: Was hast du gesät? Du bist die Saat von all dem, was jetzt ist. Denn das Gesetz von Saat und Ernte ist gleich das Gesetz der Wiederverkörperung. Was du heute an Menschlichem, an Negativem, säst, das kann erst morgen werden. Was du also heute säst, kannst du in einer weiteren Einverleibung ernten. Doch in dieser Einverleibung, jetzt als Mensch, wird dir in deiner Empfindungs- und Gedankenwelt offenbar, was du in diesem irdischen

Leben gesät hast oder in Vorexistenzen in den Acker deiner Seele eingebracht hast.

Verzweifle und verzage nicht! Klage und jammere nicht! Erkenne dich in allem, was dir widerfährt – das bist nämlich du selbst. Nicht dein Nächster hat es dir gebracht. Nicht dein Nächster bringt dir Ungemach – du selbst, Mein Kind, du selbst.

Kehre ein in den Seelengrund. Wo du auch bist – kehre ein in den Seelengrund; denn der Seelengrund Bin Ich.

Erkenne dich. Bereue deine Sündhaftigkeit. Trage sie in deinen Tempel hinein, in den Seelengrund. Lege dein Sündhaftes auf den innersten Altar. Lege dein Sündhaftes in den Seelengrund, welcher der innere Altar ist. Bitte um Vergebung, vergib, und begehe diese Sünden nicht mehr – und du erfährst in dir die Umwandlung des Sündhaften in gesetzmäßiges, lichtes, freies Leben.

Das bedeutet jedoch für dich die Umkehr, das Sich-Hinwenden an Den, der Ich Bin in dir. Das bedeutet gleichzeitig für dich, daß du

in Zukunft mehr und mehr die Gesetze des
Heils befolgst, auf daß in dir Heil und Heilung
vollzogen werden können. Denn Ich Bin Christus, der Erlöser, und der Heiler deiner Seele
und deines Leibes.

Bist du krank, Mein Kind? Wer ist die
Krankheit? Ist die Krankheit dein Nächster?
Oder bist du die Krankheit? Sage nicht, daß
du die Krankheit nur trägst. Ich sage dir: Du
b i s t die Krankheit, denn du hast sie verursacht durch dein gegensätzliches Empfinden,
Denken, Reden und Handeln. Doch erkenne:
In deiner Krankheit Bin wieder Ich, der Umgestalter, Christus. Erkenne: Ich Bin nicht die
Krankheit, so, wie Ich nicht die Atombombe
Bin, die der Mensch geschaffen hat – Ich Bin
i n deiner Krankheit und Bin i n der Atombombe die umwandelnde Kraft.

Komme du zu Mir, indem du dich nun erkennst. Du erkennst dich und Teile deiner
Krankheit in deinen Empfindungen, Gedanken, Worten und Werken; denn über diese In-

strumente hast du deine Krankheit geschaffen, die ein Teil von dir ist, von dir, dem Menschen.

Prüfe dich! Willst du umdenken? Willst du deine menschlichen Gedanken, Gefühle, deine Regungen und Neigungen, die Gedanken des Hasses, des Streites und der Feindschaft Mir übergeben – dann kehre ein in den Seelengrund. Du brauchst nicht da- und dorthin zu gehen. Wo du stehst, einerlei, wo du Mich hörst – Ich Bin in dir. Kehre ein in den Seelengrund, Mein Kind!

Willst du das, was du selbst verursacht hast, von Herzen bereuen? Willst du wahrhaftig Christ sein, ein Kind Gottes? Kehre um! Trete ein. Komme zum Seelengrund. Lege dein Sündhaftes auf den innersten Altar, hinein in den Seelengrund.

Kind, nimm dir fest vor, das Menschliche, das Sündhafte, das, was du erkannt hast, nicht mehr zu tun, und tue es nicht mehr – und du erfährst die Umwandlung in dir!

Kind – erkenne: Ich Bin der Christus in dir, dein Erlöser, der Geist der Wahrheit, der

Umgestalter deines Lebens. Komm! Bringe Mir, was du erkannt hast!

Du bist Mein Kind. Denn durch die Erlösung habe Ich dich als Mein Kind erkoren, das Ich zum Vater führe. Deshalb spreche Ich dich an als Mein Kind. Kehre um! Wende dich einwärts, dann wendest du dich himmelwärts. Und der Himmel hat für dich alles bereit: Friede, Glück, Gesundheit, Freiheit, Nahrung, Obdach, Kleidung – was du als Mensch benötigst. Ja, was dir als Kind Gottes zusteht, das ist in dir. Lasse es in dir werden! Werde du die Neugeburt Inneren Lebens. Wache auf, und strebe einwärts, dem Licht zu – und du wirst ein Umgestalter und Miterbauer des Reiches Gottes auf der gereinigten Erde.

Ja, Kind, die Erde reinigt sich. Siehe, sie bäumt sich auf. Alles, was auf der Erde geschieht, ist das Aufbäumen der Erde. Es ist die Umgestaltung – so, wie du umgestaltet wirst vom Menschlichen zum Göttlichen, wenn du einwärts strebst und die Gesetze der Liebe mehr und mehr erfüllst.

Beginne also bei den Zehn Geboten. Siehe, was sich in dir vollzieht, vom Menschlichen zum Göttlichen – das vollzieht sich in und auf der Erde. So, wie du umgestaltet werden kannst, wenn du es willst, wenn du deine Sünden bereust und nicht mehr tust, so wird die Erde umgestaltet. Alles Negative auf und in ihr vergeht. Das Ungesetzmäßige wird verwandelt in Gesetzmäßiges. Und dann wird Friede sein.

Erkenne: Die Erde verschlingt alle Friedlosen und alle, die friedlos bleiben wollen. Im Seelenreich werden dann die Seelen erwachen und erkennen, daß sie ihre Friedlosigkeit abzutragen haben. Trage du sie nicht ab, sondern übergib sie Mir rechtzeitig – und du wirst frei von den Plagen, die viele Menschen tragen, weil sie nicht umkehren. Sie rufen nur „Gott! Gott!", doch ihre Gedanken und Worte sind fremd. Sie beinhalten nicht das Leben Gottes, das Gesetz der Liebe, das Reich des Friedens.

Kind, Mein Kind, einerlei, wo du dich befindest, kehre um! Es ist hohe Zeit – kehre um!

Denn auch die Erde kehrt um. Sie räumt ab und bringt aus dem Seelengrund, tief aus dem Grund der Erde, das hervor, was in sie gelegt ist – ein Teil des Ewigen Jerusalems für diese Erde.

Kehre um – und werde ein Miterbauer des Reiches Gottes auf dieser Erde. Kehre um! Werde du ein wahrer Christ, der seinen Tempel reinigt, der sich nach innen wendet, um im Seelengrund zu leben – in Mir, dem Christus. Kehre um – und du wirst erkennen: Die Erde wird abgeräumt; die Erde wird umgestaltet, ja, gleichsam umgepflügt, auf daß das hervortritt, was die Erde birgt: einen Teil des Ewigen Jerusalems.

So sollst du dich umgestalten. Ja, kehre um! Pflüge um, und du erkennst dich. Was du an Menschlichem erkannt hast, das übergib Mir, und du wirst es nicht zu erleiden und zu erdulden haben.

Kind, siehe, Ich rufe dich!
Ich rufe dich auch in diesen Augenblicken: Kehre um!

Ich reiche dir Meine Hand.

Spüre: Ich reiche sie dir aus deiner Seele, aus dem Seelengrund. In dich ziehen Hoffnung, Zuversicht und Glaube ein.

Hoffnung, Zuversicht und Glaube sind die ersten kleinen Schritte zur Verwandlung.

Verwandle dich durch Mein Licht, das in dir brennt, im Seelengrund.

Mein Kind, wo du auch bist – Ich strahle dir Meine Hilfe und Mein Heil zu.

Wo du auch bist – du empfängst Meine Gnade und Liebe.

Mein Kind, du bist nicht fern von Mir; denn du bist eine Zelle an Meinem Leibe.

Kind, willst du bewußt in Mir leben? Kehre um! Wo? In dir selbst, in deinen Empfindungen, Gedanken, Worten und Werken; denn das bist du. Das ist, was dich prägt und zeichnet. Das sind deine Schaffungsanlagen. Was hast du damit geschaffen? Das kommt auf dich zu.

Doch wer bewußt lebt, der kontrolliert seine Empfindungen und Gedanken, seine Worte und Werke und wird das Menschliche Mir rechtzeitig übergeben, bevor es über ihn hereinbricht und ihn zeichnet, in der Krankheit, in der Not, in der Obdachlosigkeit, im Hunger und dergleichen.

Kind, es ist nie zu spät – kehre um!

Ich strahle dir Meine Kraft und Meine Liebe zu. Du empfängst nun den Segen der Himmel; denn Ich Bin der Geist des Himmels, Christus, in Gott, deinem und Meinem ewigen Vater. Ich strahle dir den Segen der Himmel zu: Friede, Kraft, Liebe, Weisheit, Geborgenheit, Gesundheit. Und Ich lasse für dich auf der Erde das Brot wachsen und schenke dir die Nahrung.

Kehre um! Leidet deine Seele an Hunger, wird dein Körper hungern. Ist deine Seele nicht mit dem Kleid der Tugend umkleidet, wirst du als Mensch nackt und bloß sein. Und die sich heute noch groß dünken, die Erde schänden, die Menschen töten, werden morgen geschändet und getötet werden. Deshalb kehre um! Und wisse: Was dir heute widerfährt, bist du. Was dir morgen widerfährt, bist du.

Kehre um – und empfange Meinen Segen für die Umkehr. Kehre um!

Wo du auch bist – Ich reiche dir Meine Hand.

Wo du auch bist, was du auch denkst – Ich segne dich.

Wisse: Ich spreche durch Menschenmund. Meine Sprache ist das Licht, und wenn du zum Licht geworden bist, dann hörst du Meine Stimme, weil du dann selbst die Stimme der Wahrheit bist; dann bedarf es nicht mehr des Propheten. Wir sind dann eins. Der Prophet braucht dann Meine Worte nicht mehr übersetzen. Es bedarf nicht mehr der Übersetzung, weil du dich verwandelt hast und das Kleid der Tugend trägst, das Kleid der Selbstlosigkeit, durch dieses das Wort spricht, das Ich Bin, das Gesetz der Liebe, das Gesetz des Alls.

Mein Kind, Ich segne dich.

Gehe hin als gesegneter Mensch. Lebe bewußt. Kontrolliere dein Leben. Dein Leben – ich wiederhole: dein Leben – sind deine Emp-

findungen, Gedanken, Worte und Werke. Das
bist du. Daraus bestehst du. Das zeichnet und
prägt dich. Also prüfe dich!

Und wisse: Du bist der Tempel des Heiligen
Geistes. Du brauchst keine äußeren Tempel.
In dir wohne Ich – Ich Bin dein Seelengrund.
In dir segne Ich. Ich segne deine Seele. Ich
segne deinen Leib. Willst du gesunden? Dann
gesunde in deinen Empfindungen, Gedanken,
Worten und Werken. Willst du also tugendhaft
werden, dann umkleide dich mit der Zierde
Inneren Lebens.

Wahrlich, das Leben wohnt in dir. Es ist
der Christus Gottes, dein Erlöser. Ich Bin dein
Wegbereiter und die ewige Wahrheit in dir, in
allem Sein.

Ich segne dich. Ich berühre deine Seele. Ich
berühre deinen Leib.

Kind, spüre Mich durch dich und in dir.

Siehe: Im Prophetischen Wort schweige Ich,
das heißt, Mein Instrument wird nun Mein

84

Wort nicht mehr übersetzen; doch wenn die
Zeit wieder gekommen ist, wird sie es wieder
tun. Doch jetzt schweige Ich durch Mein Instrument.

Doch Ich bleibe der pochende Geist in dir,
in dir, in dir, in jedem von euch – einerlei, wo
ihr euch befindet! Ich bleibe der pochende Geist
in eurer Seele, im Seelengrund.

Ich rede zu dir, Mein Kind, durch die Naturreiche. Ich rede zu dir durch den Wassertropfen,
durch den Sonnenstrahl, durch die Gestirne.
Ich Bin in dir der pochende und redende Geist,
und um dich ist der redende Geist.

Erkenne die Allgegenwart GOTT! Sie segnet
dich – Ich im Vater die Allgegenwart, der Geist.
Ich segne dich und strahle dir den Frieden der
Himmel zu, auf daß i n dir Friede werde.

Friede

Höret die Stimme des Alls,
und erwachet in Mir!
Ich Bin der Friede

Offenbarung von Christus, 1992

Ich Bin der Herr des Lebens, Christus, euer Erlöser. Ich spreche über den Äther zu allen Menschen und Wesen, auf daß sie in der Tiefe ihres Herzens Meine Stimme hören und erkennen. O spüret in euren Herzen, daß der ewige Geist, das Innere Licht, nicht die Sprache der Menschen hat. Deshalb nahm Ich Mir einen Menschen, eine Prophetin, um zu euch zu sprechen. Ich nehme eure Worte, auf daß ihr Mich verstehen könnt.

Spüret in euren Herzen: Mein Reich ist nicht von dieser Welt. Mein Reich ist ein Reich des Geistes und ein Reich des Friedens. Die heilige Kraft des Friedens und der inneren Liebe, die Kraft des Reiches Gottes, strahle Ich zu jedem von euch. Wer sein Herz zu Mir erhoben hat durch die tägliche Verwirklichung der Zehn Gebote und der Bergpredigt, der kennt nicht nur Meine Stimme – er geht den Weg, Meine Stimme, Mein Licht, zu werden.

Wohl jenen, deren Glaube einem Senfkorn gleicht. Wohl jenen, deren Liebe dem sanften Staubkorn gleicht. Menschen, die in diesem zarten Bewußtsein leben, sind die, welche in dieser materialistischen Zeit emporgehoben werden zu dem Reich des Inneren; denn das Reich Gottes wird auf die sich reinigende Erde kommen.

Ich wiederhole: Nicht der Mensch, durch diesen Ich spreche, nennt sich „Christus" – es ist der Geist Gottes, es ist der Geist, Christus, der Ich Bin, der durch den Menschen zu euch spricht, auf daß ihr erkennt, in welcher Zeitenwende ihr lebt. Jede Zeitenwende bringt ein Ende mit sich. Viele sagen: „Ja, es tut sich eine andere Generation auf." Diese andere Generation ist die Generation des Christus Gottes, sind die Menschen, die nach den Gesetzen Inneren Lebens leben, die also den Glauben

an den großen Geist entfaltet haben, deren
Herz in selbstloser Liebe schwingt. Diese Zeitenwende ist gleichsam das Ende der materialistischen Zeit. Auf dieser Erde ist Erntezeit –
der Schnitter ist der Tod.

O erkennet: Vor nahezu zweitausend Jahren
habe Ich als Jesus von Nazareth euch dies vor-
ausgesagt. Meine Worte waren ernst. Ich appellierte an die Pharisäer und Schriftgelehrten,
das Volk nicht zu verführen – denn sie selbst
waren die Verführten. In dieser Zeit appellierte
Ich wieder an die Pharisäer und Schriftgelehrten, das Volk nicht zu verführen; denn sie sind
wieder die Verführten.

Da sie Meine Stimme verhöhnt und verlacht
haben – so, wie vor nahezu zweitausend Jahren –, spreche Ich zu den Menschen, die Meine
Kinder sind, außerhalb der Institutionen Kir-
che: Höret Meine Stimme, ihr Menschen dieser
Erde! Höret Meine Stimme, ihr Menschen, die
ihr in den Herzen des Lebens steht, im Strom
der ewigen Liebe, im Herzen der Ordnung,
im Herzen des Willens, der Weisheit, des Ern-

stes, der Geduld, der Liebe und der Barmherzigkeit – Herzen über Herzen, die sich ausgießen,
auf daß der Mensch sein Herz erweicht.

Es ist Erntezeit; denn die Menschheit hat
in den zurückliegenden zweitausend Jahren das
Gesetz der Liebe und des Lebens nicht befolgt.
Immer wieder standen einzelne Menschen auf,
auch Propheten und Prophetinnen, die das
Wort des Heils an die Menschheit richteten.
Doch die Masse blieb beim Massendenken, und
ihr Denken ist Hohn und Spott gegenüber dem
Kreuz. So ist nun mal die Zeitenwende gleich
das Ende des materialistischen Lebens.

Blicket in eure Welt. Was seht und was hört
ihr? Das, was Ich vor nahezu zweitausend Jahren angekündigt habe. Die Erde bäumt sich
auf. Kriege, Hungersnöte, Seuchen und vieles
mehr. Was habt ihr? Ihr habt nun das, was
Ich euch vorhergesagt habe. Ihr habt nun das
Ende – und wie sieht es aus mit eurem Ende?
Liegt in eurem physischen Ende die Wende hin
zum Inneren Leben, das Ich Bin?

Viele sagen: „Wie kann Erntezeit sein, wenn immer mehr Menschen die Erde bevölkern?" O sehet: Wenn auf dieser Erde das Korn in den Acker gebracht und nach einer geraumen Zeit des Wachstums geerntet wird, bleibt immer wieder Korn auf dem Acker liegen. Das Korn geht auf – doch reift es? Es ist möglich, daß der Sturm kommt und es frühzeitig hinwegnimmt. Ähnlich ist es auf dieser Erde, auf diesem Ackerland. Es kommen viele Seelen zur Einverleibung – doch ist ihnen die Reife des materialistischen Seins noch beschieden? Das sei dahingestellt. Diese Frage kann sich jeder selbst beantworten, je nach seinem Glauben.

Doch, wie ihr gehört habt, sind die Speicherquellen gefüllt. Die Sterne, die das menschliche Potential tragen, lassen immer mehr ab; das heißt, die Ursachen kommen immer rascher zum Tragen. Ist der Speicher gefüllt mit Negativem, und der Mensch setzt weitere Ursachen, dann werden diese Ursachen nicht mehr in den gefüllten Speicher gehen, sondern sie kommen sofort wieder auf den Menschen zurück. Kann dann die Saat noch reifen? Kann dann

der Mensch noch heranwachsen? Es ist vorbei
mit dem menschlichen Ich; denn der Schnitter
ist der Tod – und er hält reichlich Ernte.

So fragen sich viele: „Wo wird es hingehen
nach dem physischen Tod?" Viele fragen, ob
es eine Seele gibt, ob diese weiterlebt. Wo? –
Das bestimmt der Mensch jeden Augenblick
selbst nach dem Gesetz: Was du säst, das wirst
du ernten. – Wieder andere sagen, es wäre
noch keine Seele zurückgekommen, um den
Menschen zu sagen, wie es im Jenseits, über
dem materiellen Kosmos, ist. Das sind Trugbil-
der, diese Anschauungen; denn es sind nur Anschauungen von seiten des menschlichen Ichs.
Blickt euch selbst an. Ihr – ja, viele von euch,
die ihr Mich über den Äther vernehmt –, ihr
seid zurückgekommen. Blickt euch an. Ihr seid
die Gekommenen, die aus den Reinigungsebenen in ein materielles Kleid gingen. Ihr seid
der Beweis, daß es ein Jenseits gibt, und ihr
seid der Beweis, daß sich das Rad der Wiederverkörperung dreht. Ihr wollt wissen, womit
ihr wieder in diese Welt eingetreten seid, was

eure Seelenbelastung war? Denkt zurück. Denkt an euer vergangenes Leben. Was habt ihr gefühlt, empfunden, gedacht, gesprochen und getan? Blickt in die Gegenwart: Was empfindet, was denkt, sprecht und wie handelt ihr heute? Das ist unter Umständen euer mitgebrachtes Gut und ist auch noch das, was ihr schon wieder auf das Menschliche, auf das Sündhafte, daraufgelegt habt.

I h r seid der Beweis. I h r seid die Wiedergekommenen. Ihr seid im Fleisch, um das zu bereinigen oder abzutragen, was ihr in Vorexistenzen eurer Seele aufgeladen habt.

O erkennet: In dem Augenblick, wo ihr unterscheiden könnt zwischen Gut und Böse, läuft für euch die sogenannte Erdenzeit bewußt ab, und in dieser bewußten Erdenzeit könnt ihr bis zum heutigen Tage unterscheiden, was gut und böse ist. Ihr dürft nicht sagen: „Wir wissen es nicht." Ihr habt die Zehn Gebote, ihr habt die Bergpredigt, ihr hattet Propheten, und ihr habt wieder einen Propheten, durch diesen der Geist spricht. Ihr habt geistiges Wissen.

*Ist euer Glaube einem Senfkorn gleich?
Gleicht eure selbstlose Liebe dem sanften Staubkorn? Wenn nicht, dann seid ihr ein Tor –
und könnt niemals durch das Tor der Befreiung; denn ihr habt euch nicht befreit von euren
Sünden, von euren Belastungen. Ihr seid gekommen mit Schuld und geht wieder mit
Schuld und werdet unter Umständen noch einmal mit Schuld kommen. Doch wohin werdet
ihr gehen? Dort, wo es heißt: Entwicklung in
der Armut, weil die Seele verarmt ist.*

*Doch auch diese Zeit ist bemessen, denn
der Tod wirkt auf allen Kontinenten. Wer hat
euch verführt? Der Verführer. Doch ist der Verführer schlimmer daran als der Verführte?
Beide waren nicht wachsam, und beide werden
in die Grube fallen. Nach dem Gesetz von Saat
und Ernte werden beide gemessen und gewogen
werden. Und Ich sage euch: Gott, das ewige
Leben, greift nicht ein. Gott ist die Gerechtigkeit; Gott ist gleichsam die Waage. Gott gab
jedem Seiner Kinder den freien Willen. Gemäß
des freien Willens kann jeder entscheiden: für
Gott – oder gegen Gott. Der Maßstab ist nicht*

der Nächste – jeder ist selbst der Maßstab; jeder muß auf sich selbst blicken; jeder muß bei sich selbst anfangen, nicht beim Nächsten.

Beginne also bei dir, o Mensch. Blicke zurück! Dann erkennst du, was du aus dem Jenseits in das Diesseits mitgebracht hast. Und du bist der Beweis, daß sich die Seelen offenbaren; denn du offenbarst aufs neue dein mitgebrachtes menschliches Ich. Die Seelen im Jenseits sprechen dieselbe Sprache wie die Seelen im Diesseits, auch wenn sie Gewänder tragen – es sind die Menschen. Verkörpert oder entkörpert – ihr sprecht so lange die Sprache der Sünde, bis ihr euch dem Inneren Licht zuwendet. Dann wird Friede sein in eurem Inneren. Denn wer bereinigt, der empfängt das Licht, das Leben, und wird durch das Tor der Befreiung eingehen, weil er sich mit Meiner Kraft, mit der Kraft Christi, befreit hat.

Ich wiederhole: Ihr seid der lebendige Beweis des Jenseits. Ihr seid der lebendige Beweis der Reinkarnation. Erkennet euch in der Vergangenheit. Erkennet euch in der Gegenwart. Und ihr werdet euch wieder antreffen in der Zukunft.

Diese Worte wurden immer und immer wieder gegeben. Zu allen Zeiten sprach der Geist durch Propheten. Doch die Menschheit war versklavt und ist versklavt. Die Masse blickt auf die Materie und spürt kaum dieses Ende.

Was wird dir in der nächsten Einverleibung widerfahren? Was wird dir, o belastete Seele, o belasteter Mensch, im Jenseits widerfahren? Das, was du heute bist. Säst du Haß, wirst du Haß ernten. Ziehst du in den Krieg und kämpfst du gegen deinen Bruder, dann wirst du Gleiches ernten; du wirst wieder in den Kriegswirren leben und unter Umständen von dem Soldaten getötet werden, den du einst getötet hast. So lange geht der Kreislauf im Diesseits und im Jenseits, bis der einzelne bereut und bereinigt und das Sündhafte nicht mehr tut.

Liegst du mit deinem Bruder, mit deiner Schwester im Streit, und du bereinigst nicht, dann wirst du es in den Stätten der Reinigung tun müssen. Bereinigst du dort auch nicht, dann wirst du wieder in diese Familie hineingeboren werden, oder du wirst deine Ursachen an einem anderen Ort treffen. Das ist das Gesetz der Anziehung: Gleiches zieht immer wieder Gleiches an.

Aus diesem Strudel, gleich aus diesen Fängen, kommt keiner heraus; denn alles ist gespeichert, alles ist registriert. Jede Empfindung, jedes Gefühl, jeder Gedanke, jedes Wort und jede Handlung ging in den Speicher ein. Dieser Speicher gleicht einem Computer. Eine Bewegung deinerseits, ein Gedanke deinerseits bringt deine Ursachen verstärkt ins Schwingen, und du erlebst immer rascher die Wirkung.

Wer tötet, wird wieder getötet werden. Wer mordet, wird wieder gemordet werden. Wer seinem Nächsten flucht, dem wird selbes widerfahren.

O höret die Stimme des Gesetzes! Kein Jota könnt ihr hinwegnehmen vom ewigen Gesetz – es ist! Nur i h r könnt rechtzeitig eure

96

Sünden hinwegnehmen, indem ihr die Tagesenergie nützt; denn der Tag zeigt auf, wer ihr
heute seid. Er zeigt auch auf, wer ihr gestern
wart. Denn was von gestern nicht bereinigt
wurde, das ist wieder das Heute. Und was
heute nicht bereinigt wurde, das ist das Morgen.

Meine Worte sind ernst. Doch blicket in
eure Welt. Blicket auf eure Erde. Was haben
Menschen aus Menschen gemacht? Was haben
Menschen aus dem Planeten Erde gemacht?
Ein Sumpfland. Wo ihr hinblickt – Krieg, Zerstörung, Naturkatastrophen, Haß, Neid, Feindschaft, Streit. Das ist das Ende dieses Zeit-
alters, und es wird kein solches Zeitalter wiederkommen.

Ihr habt gehört, daß der Ewige sprach: „Ich
mache einen neuen Himmel und eine neue
Erde." Würde der Mensch tiefer in die Worte
des Geistes blicken, so hätte er sich schon längst
die Frage gestellt, weshalb der Geist die Erde
hervorhebt, die auch zum materiellen Himmel
gehört.

O erkennet: Die Erde als solche wurde hervorgehoben, weil die Erde die Menschen trägt, die das materielle Universum und die Reinigungsebenen zum Speicher ihres menschlichen Ichs gemacht haben. Und dieser Speicher ist ganz und gar ausgerichtet auf die Erde, auf die Menschen, auf jeden einzelnen von euch; denn jedes Gefühl, jede Empfindung, jeder Gedanke, jedes Wort, jede Handlung, jede Regung, jede Neigung jedes Menschen wird in diesem Computersystem registriert.

Jeder Mensch ist geführt von diesem Computersystem – solange er im Gesetz von Saat und Ernte lebt. Tiere, Pflanzen, Mineralien –, alles ist gespeichert im materiellen Computersystem; denn Tiere, Pflanzen und Steine sind umhüllt von Materie. Jeder Prozeß des Hinscheidens, jede Verweslichkeit ist im Computersystem registriert und wird von den Sternen begleitet. So, wie dein Körper verwest, so zeigt sich das in den Sternen. Und je mehr Menschen hinscheiden, um so mehr wird auch in der Sternenwelt aufgeräumt. Ja, es ist Räumungszeit.

O erkennet, ihr Menschen, einerlei, wo ihr euch befindet: Wer Mein Wort hört und sich nicht dem Leben hingibt, der ist ein Tor. Er kann heute schon über seinen physischen Tod nachdenken und über sein Dasein in den Stätten der Reinigung oder über sein Wiederkommen. Wohin? Auf welchen Kontinent? Zu welchen Menschen? Zu welchen Menschengruppen? Welche Familie tut sich wieder auf für dich? Du selbst entscheidest. Lebst du in Zwietracht mit deiner Familie, so wird sich diese Familie im Diesseits wieder zusammensetzen – andere Körper, doch die gleichen Seelen.

Noch dreht sich das Rad der Wiederverkörperung; doch die Zeit ist nahe, wo dieses stillsteht. Dann ist es vorbei mit der Verkörperung düsterer Seelen. Dann geht es weiter in den Abtragungsstätten der Reinigungsebenen. Dort, Mein Kind, wirst du sein, wenn du das mitnimmst, was dich heute zeichnet. Ja, jeder von euch ist ein Gezeichneter – gezeichnet vom Licht, das ihn durchstrahlt, oder gezeichnet von seinen Sünden, seinen Ursachen.

So werden viele die Frage stellen: „Was ist mit den Menschen, die erkranken, die krank sind? Was ist mit den Kindern, die schon leidgeprüft in das Diesseits kommen?" Mitgebracht – mitgebracht, aus dem Jenseits mitgebracht. Im Diesseits kommt es zur Wirkung. Mitgebrachte negative aktive Strahlung. Wer ist nicht erkrankt? Jeder sagt „Ich bin nicht erkrankt", wenn er an seinem Körper keine Mängel aufweisen kann. Bist du wahrlich nicht krank? Blicke in deine Gefühls-, Empfindungs- und Gedankenwelt. Was sprichst du? Wie handelst du? Siehe, das sind deine Eingaben, die zur Krankheit führen können, die zur Not, zum Trübsal, zur Verzweiflung und zu vielem mehr führen – außer, du nützt den Tag und erkennst dich im Tagesgeschehen, lebst konzentriert im Tag und bereinigst jeden Tag, was dir das irdische Dasein aufzeigt.

Der Tag spricht zu dir. In deinen Gefühlen, Empfindungen und Gedanken spricht er zu dir. Er spricht zu dir, wenn du sprichst; denn er hat dein Wort angeregt, auf daß du in deine

Worte blickst und dich überprüfst, ob deine Worte den Gesetzen Inneren Lebens entsprechen. Wenn ja, dann wirst du dich aus der Schale menschlichen Ichs herausbegeben an das Licht. Wenn nicht, dann bist du noch in der Schale. Bereinigst du, dann lichtet sich die Schale, und du wirst ganz allmählich hervortreten als das gereinigte Wesen, das eingeht in das Reich Gottes, das nicht von dieser Welt ist.

O sehet: Ich komme bald. – Mein Kommen ist angesagt, und Ich komme bald, um die Herrschaft über die gereinigte Erde, über die lichten Menschen zu nehmen. Für die lichten Menschen werde Ich Bruder sein, und sie werden mit Meiner Kraft das neue Land bebauen, das Land, das in der Strahlung um vieles höher ist, denn die Erde reinigt sich. Und was sich reinigt, das hebt sich an, hin zu höheren Idealen, höheren Werten. Es ist der Geist, der wirksam ist.

Ich Bin der Prophetische Geist. Noch mahne Ich. Noch rufe Ich. Noch bitte Ich euch: Kehret um! Das heißt, nützet die Tagesenergie. Erken-

net euch selbst. Bereinigt mit Mir euer Sündhaftes: Gehet zu eurem Nächsten. Bereinigt
mit ihm. Haltet Frieden, und seid in Mir
lebendig. Denn die, die in Mir lebendig sind,
stehen zu Meiner Rechten. Sie werden mit Mir
kommen. Und die im Zeitlichen sind, werden
mit Mir das Erdreich bebauen. Fruchtbar wird
die Erde wieder werden, weil es nun mal so in
dem Teilplaneten der Erde geschrieben steht.
Das ist das Schaffungsgesetz Gottes. Gott ist
Leben, und das Leben wird auch auf die Erde
kommen – so, wie sich der Tod entblättert.

Höret die Stimme eures Erlösers. Wann
glaubt ihr, daß es für euch Zeit wäre, umzukehren, euch auf euch selbst zu besinnen, auf
daß ihr euch selbst erkennt? Denn jeder muß
sich selbst erkennen. Jeder muß selbst sein
Sündhaftes bereuen. Jeder muß selbst den Weg
der Bereinigung gehen, und jeder muß selbst
das menschlich Erkannte nicht mehr tun. –
Wer steht euch zur Seite? Ich, Christus.
Viele suchen Mich in den Institutionen.
Viele sprechen von Mir, doch kaum einer kennt

Mich. Weshalb nicht? Weil er sich selbst nicht erkennt als Kind Gottes. Wer sich als Kind Gottes erkennt, der ist edel; der entwickelt die inneren Werte. Und wer sich als Wesen in Gott erkennt, der kennt Mich.

O erkennet: Es ist höchste Zeit, daß ihr Mich nicht mehr in Steinhäusern sucht. Es ist höchste Zeit, daß ihr über das Christsein nachdenkt. Es ist höchste Zeit, daß ihr erkennt, daß i h r der Tempel des Heiligen Geistes seid, daß ihr erkennt, daß Mein Geist in jedem von euch wohnt.

Diese Meine Worte „Ich wohne in euch" sollen euch Hoffnung und Trost bringen in dieser Zeit der Ernte. Ja, Ich wohne in euch und werde nicht von euch gehen, denn Ich Bin das Leben eurer Seele, eures unsterblichen geistigen Leibes.

Höret, ihr Menschen, einerlei, wo ihr euch befindet: Kehret um! Kehret um heißt: Seid konzentriert in eurem irdischen Dasein! Seid wachsam. Erkennt euch selbst, euer Sündhaftes. *Kommet zu Mir in euer Inneres, und bereinigt es! Ich Bin die Kraft. Ich stehe euch bei. Ich helfe euch. Denn heute noch gilt der Ruf: Kommet alle zu Mir her, die ihr mühselig und beladen seid. Ich will euch erquicken.*

Wohin geht ihr? Prüft euch. Keinen Schritt müßt ihr gehen. Wendet euch nach innen. Wendet euch an Mich, der Ich in euch wohne, der Geist der Erlösung, der Christus-Gottes-Geist.

Sehet ihr darin die Hoffnung? Dann spürt ihr die Kraft.

Sehet ihr darin den Trost? Dann seid ihr schon getröstet.

O sehet: Je grausamer diese Zeit wird, je mehr sie dem Ende zugeht, je größer die Ernte wird, um so mehr strahle Ich Meine Liebe und Meine Kraft zu allen Menschen. Mein Wort – und ist es noch so ernst – ist gleich Kraft und Aufrüttlung eures Wesens; denn Ich will euch berühren und will euch aus dem Sumpf, aus dem Tal der Tränen und der Bitternis herausführen. Doch ihr habt den freien Willen. Jeder von euch muß zuerst den Schritt tun.

Das besagt der freie Wille. Der freie Schritt hin zu Mir bewirkt Hilfe; denn Ich komme euch viele Schritte entgegen, gerade in dieser Zeit des Hinscheidens, in der Zeit der Ernte, in der Zeit der Reinigung, in der Zeit, die immer mehr in die Abtragung geht.

Höret die Stimme eures Erlösers! Fasset Mut, und nehmt Meine Kraft, die Ich euch in diesen irdischen Minuten zustrahle. Ja, Ich strahle Meine Kraft in diese Zeit hinein zu allen Menschen, zu allen Seelen, zu allen Formen des Lebens.

Höret, höret die Stimme. Höret die Stimme der Liebe. Höret die Stimme des Ernstes. Höret die Stimme der Ordnung, des Willens. Höret – diese Stimme ist die Kraft Gottes. Und diese Kraft strahle Ich euch zu. Über den Äther kommt nun Meine Kraft zu euch.

Schöpft Hoffnung – und die Hoffnungslosigkeit weicht.

Schöpft aus der selbstlosen Liebe, die Ich Bin – und ihr spürt, was selbstlose Liebe heißt.

Schöpft aus der nie versiegenden Quelle, die Ich Bin.

Seid ihr krank – wer ist die Krankheit: Gott oder du? Du bist die Krankheit; kein anderer ist sie. Keiner kann dich krank machen – du machst dich selbst krank. Höre! Auch in der Krankheit ist die Gesundheit: Ich, Christus. In jedem Problem Bin Ich, Christus; in allen Sorgen und Nöten Bin Ich, Christus, der Helfer, der Führer, der Retter.

Wo gehst du hin, um Mich zu rufen, um zu Mir zu beten? Gehe nicht in Steinhäuser – du bist der Tempel der Liebe! In dir ist die Fülle der Liebe. Trete ein, in dem Glauben: Ich wohne in dir. Diese Worte sind hoffnungspendend, sind trostgebend. Nimm Meine Worte. Schaue tief hinein. Laß dich von Meiner Kraft durchdringen, und du weißt, was du zu tun hast.

Klage nicht. Und klage auch nicht deine Nächsten an. Klage auch nicht Gott an. Du bist der Beklagte. Doch schaue dich an, und bereinige. J e t z t erkennst du! Und sei es nur ein Gedanke, der dich bewegt, ein menschlicher Gedanke, der du bist – bringe ihn Mir. Du empfängst die Kraft, das zu bereinigen, was im menschlichen Gedanken liegt.

Siehe, noch ist Erntezeit. Doch ist die Ernte eingeholt, dann wird es um vieles schlimmer werden, für die Seelen, die im Erdenkleid nicht geglaubt und nicht bereinigt haben. Deshalb tue es j e t z t ! J e t z t ist gleich Gegenwart. J e t z t ist der Augenblick, wo dir Hilfe und Heil zuteil wird.

Sehet die vielen Augenblicke des Tages – jeder Augenblick ist gleich Gegenwart. Er kommt zu dir, zeigt sich. Bereinige – und du wirst frei, und deine Zukunft wird deine Gegenwart sein, das, was du heute bereinigt hast.

Mein Licht strahlt in diese Welt.

Mein Licht strahlt zu jedem von euch.

Mein Licht bringt Hilfe, Heilung, spendet Trost und gibt Hoffnung.

Nimm an, o Menschenkind! Nimm an, und nütze die kostbare Zeit der Strahlung. Nimm an, und merke dir: Wenn nun auch Mein Wort über Prophetenmund schweigt – Ich rede weiter in dir; denn Ich Bin im Vater der redende Gott. Ich zeige Mich dir in der Tagesenergie. Ich offenbare Mich dir in jedem Augenblick. Ich Bin in dir der Tröster und der Helfer.

Siehe, wenn Ich auch durch Prophetenmund schweige – Ich rede weiter in dir. Ich helfe. Ich diene dir. Ich heile deine Seele, wenn du den Weg der Reue und Bereinigung gehst.

Siehe, Ich Bin dir nahe, denn Ich wohne in dir.

Siehe, Ich komme dir immer näher, denn die Ernte bringt gleich wieder eine neue Welt, die Welt des Christus.

Höret! Höret noch einmal die Stimme durch Prophetenmund. Ich Bin Christus, euer Erlöser, der Geist, der in jedem von euch wohnt.

Höret! Suchet nicht Menschen auf, auf daß sie euch trösten. Suchet Mich in eurem Inneren auf. Werdet wahrhafte Christen, die nach den Gesetzen Inneren Lebens leben, und ihr werdet erkennen, was es heißt, in Mir zu leben. Und ihr werdet in Mir auferstehen, und ihr werdet den Tod weder fühlen noch schmecken.

Höret die Stimme eures Herrn! Ich will euch umfangen, euch umschließen, euch zum ewigen Vater führen, denn das ist Meine Aufgabe. Ich Bin der Weg, die Wahrheit und das Leben, Christus in dir, Mein Kind, in dir – in jedem einzelnen von euch, einerlei, wo ihr euch auf dieser Erde, in dieser Welt befindet.

Höret! Höret die Stimme des Alls! Und merkt euch, daß ihr Kinder des Alls seid, Wesen der unendlichen Liebe. In das Reich des Inneren will Ich euch führen, in die ewige Heimat, wo Friede, Freude und Harmonie sind.

Höret! Höret und erwacht! Ja, erwachet in Mir. Meine Kräfte, die Kräfte der Liebe, des Friedens und der Harmonie strahle Ich euch zu. Meine Kräfte der Liebe, des Friedens und der Harmonie lasse Ich euch. Diese Kräfte bewirken in euch auch Linderung und Heilung. So, wie es gut für euch ist, so wird es für euch werden. Doch ihr müßt den ersten Schritt tun.

Das zeigt an, daß ihr gewillt seid. Frei müßt ihr ihn tun. Keiner darf euch zwingen, weil euch auch der Geist zu nichts zwingt.

So empfanget abermals Meine heilige Strahlung, die Strahlung der selbstlosen Liebe, die Strahlung des Friedens, die Strahlung der Harmonie, die Strahlung innerer Heilung.

Ich Bin der Friede. Ich, der Friedefürst, bleibe mit Meinem Frieden, mit Meiner Kraft, mit Meiner Hilfe, mit der inneren Heilung in euch.

Friede

Ich Bin der einzige Retter.
Nach dem Polsprung das Reich Inneren Lebens

Offenbarung von Christus, 1992

Der Löwe von Juda trat in das Leben der Israeliten. Mit diesem Symbol trete Ich, Christus, in die sich neu aufbauende geistige Atmosphäre der Erde. Meinen Frieden und Meine Liebe bringe Ich den Völkern dieser Erde.

Höret, ihr Völker dieser Erde: Das Leben ist Gott, und Gott ist das Leben. Es gibt kein anderes Leben außer Gott. Wer sich dieses Bewußtsein aneignet, der erfaßt, daß es ein anderes Reich geben muß, außerhalb der Reiche dieser Erde. Wahrlich, es gibt ein anderes Reich – es ist das Reich Gottes, aus dem das Leben, die Energie für alle Lebensformen, für alles Sein strömt.

Aus dem ewigen Reich, Gott, komme Ich, Christus, zu den Völkern dieser Erde. Mein

Leben ist das heilige Leben in Gott, eurem und Meinem Vater. Alle Menschen dieser Erde sind also Kinder eines Vaters – es ist der Christus Gottes im Vater; denn der Vater und Ich sind eins. An Kindes Statt habe Ich, Christus, alle Seelen und Menschen angenommen. Ich habe sie gleichsam in Meine Lebensenergie aufgenommen. So besitzt jede Seele den Erlöserfunken, der ihr Leuchte ist zurück ins Vaterhaus.

Ihr Menschen dieser Erde, Meine Stimme erschallt durch Prophetenmund, denn das Wort der Himmel ist die Sprache der Himmel. Die Menschen dieser Erde sprechen eine andere Sprache. Deshalb bedarf es des Instrumentes, auf daß die Menschen, die guten Willens sind, Mein Wort, Meine Stimme, verstehen.

Wahrlich, Meine Schafe kennen Meine Stimme, denn sie erfassen im Wort das Heil des Lebens, das Ich, Christus, Bin.

Ich kam zu den Menschen als Jesus von Nazareth. Ich lebte nach den Gesetzen des Inneren Lebens, des Inneren Reiches. Ich lehrte die

Menschen die ewigen Gesetze und verwies sie immer wieder auf den Einen, Gott, unseren ewigen Vater, von Dem die Kraft und das Leben kommt.

O erkennet: Als der Fall vom Himmel her begann in die Tiefen des niederen Ichs, gab Gott, der liebende Vater, Seinen Kindern Lebenskraft mit auf ihren Weg, auf daß sie wieder zurückfinden zu der einen Quelle, von der sie ausgingen: Gott. Diese Lebenskraft lieh ihnen der ewige Vater, auf daß sie Ihn in der Lebenskraft erkennen, diese Lebenskraft heiligen und mit dieser geliehenen Lebenskraft wieder zurückkehren zu Ihm.

Die Rückkehr erfolgt über viele menschliche Stationen. Sie bauten sich zuerst als Reinigungsebenen auf, die zu Beginn des Falles Fallebenen genannt wurden. Die Reinigungsebenen, gleich Fallebenen, entstanden aus der geliehenen Energie. Daraus entstand die Verdichtung, Materie genannt. Im Laufe des Falles entstanden aus den Fallwesen ganz allmählich physische Körper, also Verdichtungen – Verdichtungen aus der geliehenen Gottesenergie.

Seelen und Menschen stellten sich mehr und mehr gegen Gott, nahmen die göttliche Energie, transformierten sie herunter, verdichteten diese Lebenskraft und nahmen sie für ihre Zwecke. Auch die Technik dieser Welt entstand aus demselben Prinzip. Die göttliche Kraft wurde heruntertransformiert – die Technik entstand.

Solange der Widersacher Gottes zum Beispiel die Technik, die heruntertransformierten Energien, in seinen Händen hält, werde Ich, Christus, diese Energien nicht benützen. Doch dem Widersacher ist die Technik aus den Händen geglitten. Das bedeutet: Sie wird der Umwandlung anheimgestellt; aus der heruntertransformierten Energie wird wieder Gottesenergie. Sie wird eingebracht in das Innere Leben, in das Reich des Friedens, von wo sie ausging.

Da nun dem Widersacher die Technik mehr und mehr aus den Händen gleitet und Ich, die umwandelnde Kraft, diese Energie nun ganz allmählich umwandle und hochtrage in das Bewußtsein, Gott, benütze Ich nun diese

Quelle, die der Umwandlung anheimgestellt ist. Über Radiowellen vernehmt ihr Mein Wort des Heils, über die Technik, die nun zur Umwandlung ansteht durch Mich, den Christus, weil sie dem Widersacher, dem Gegenspieler Gottes, mehr und mehr aus den Händen gleitet.

So hört ihr Meine Stimme über den Äther. Ich, der Christus Gottes, rufe alle Menschen zur Umkehr auf. Umkehr heißt Einkehr in das Innere Leben; denn das Reich Gottes ist als Kraft und Licht in jedem von euch. Jeder von euch ist tief in seinem Inneren ein Wesen aus Gott, das Ich, Christus, durch Meine Erlösertat wieder zurückführe zum Urstrom des Lebens, zu Gott. Deshalb rufe Ich alle Menschen auf, den Weg zum Inneren Leben zu nehmen. Das Innere Leben erlangt der Mensch, indem er die Gebote des Lebens verwirklicht und die Bergpredigt in seinem Leben anwendet. Dann tritt er mit dem Inneren Leben in Kommunikation und kann vom Reich des Lebens, vom Inneren Reich her, geschützt werden.

Wer nach äußeren Quellen sucht, wer glaubt, die Materie sei alles, der wird in Kürze erkennen müssen, daß er diesen Quellen menschlichen Ichs, der Verdichtung, anheimfällt. Denn diese Erde reinigt sich von all dem Tand, von allem Menschlichen. Ich komme der sich reinigenden Erde immer näher, der Christus Gottes – das Leben d e r Menschen, die in Mir leben, welche die Gebote des Heils erfüllen und die Bergpredigt in ihr Leben einbeziehen.

Blicket auf eure Erde. Blicket in diese Welt. Die Welt gerät aus den Fugen. In der Welt werdet ihr keinen Halt mehr finden; denn dieses materialistische Leben geht zu Ende. O sehet und erspüret selbst, was die Menschen mit der Erde, ihrer Lebensquelle, gemacht haben. Blicket in die Menschheitsgeschichte. Dann erkennt ihr, daß es nur Kampf, Neid, Macht, Streit und daraus Not, Hunger, Krankheit und Leid gab. Viele Menschen klammern sich immer noch an den Zeitgeist, weil sie den Geist der Ewigkeit nicht kennen. Sie lieben das Materialistische und spüren noch nicht, daß es im Vergehen ist.

Die Erde bäumt sich auf aufgrund der vielen Ursachen, die nun mehr und mehr zur Wirkung kommen. Doch die Großen dieser Welt erfassen dies noch lange nicht. Sie steuern die Völker auf das größte Unheil zu, nämlich auf einen Polsprung, der noch nie dagewesen ist.

O sehet: Noch halte Ich, Christus, das Erdmagnetfeld in Meinen Händen, den mächtigen Dynamo für diese Erde, der hinausstrahlt in das All zu den Gestirnen und die Verbindung zum All herstellt. Noch halte Ich also diesen Dynamo in Meinen Händen – doch die Ursachen drängen mehr und mehr zur Wirkung. Das bedeutet, daß das Erdmagnetfeld aus Meinen Händen gleiten m u ß durch das Gesetz von Ursache und Ernte, weil die Menschen mit ihrem Machthunger und Machtstreben es so wollen.

Das bedeutet, daß in einem Augenblick alles vorbei ist. Dann wird der Mensch das erleben, was auch in den Gestirnen steht. Was er in das Weltall gesandt hat, das kommt auf die Erde hernieder. All der Unrat der Technik fällt auf die Erde und somit auf die Menschen hernieder – ähnlich, als wenn die Sterne vom Himmel fallen würden.

Wahrlich, Ich sage euch: Dann werden die Wasser kommen und den Unrat überdecken, und die große Umwandlung wird sich mehr und mehr vollziehen, vom Negativen zum Positiven. Die geliehene Gottesenergie, die vom menschlichen Ich heruntertransformiert wurde, wandelt sich in positive Kraft. Diese positive Kraft setze Ich auf der sich reinigenden Erde ein. Damit baue Ich jetzt schon am Friedensreich Jesu Christi, an Meinem Reich, dessen Herrscher Ich sein werde.

Ihr Menschen dieser Erde, jetzt heißt es nicht mehr: Rette deinen Leib. Jetzt heißt es: Rette deine Seele, auf daß dein Leib geschützt werden kann, wenn es gut ist für Seele und Leib. – Ihr Menschen dieser Erde, Ich wiederhole, es heißt nun: Rettet eure Seelen! Und der Retter Bin Ich, Christus, euer Erlöser.

Fraget nicht, wo Ich Bin. Suchet Mich nicht da und dort. Ich Bin der Geist des Lebens in Gott, eurem und Meinem Vater. Der Geist des Lebens wohnt in euren Seelen. Dort könnt ihr Mich finden. Deshalb geht der Weg zum Leben, zum Retter, nach innen. Der Mensch also muß umkehren und einkehren, indem er die Gebote des Lebens, die Zehn Gebote, mehr und mehr verwirklicht und die Bergpredigt in sein Leben einbezieht. Auf diese Weise findet der Mensch Einlaß in das Innere Leben zum Christus Gottes, der Ich als Kraft und Licht in jedem von euch Bin.

Es heißt also nicht mehr: Rette deinen phy-sischen Leib. – Rette deine Seele! Und es gibt nur einen Retter: Das Bin Ich, Christus, in Gott, eurem und Meinem Vater. Wo suchet ihr Mich? Wo werdet ihr Mich finden? Nicht im äußeren Tand. Dieser geht zu Ende. Einzig in euch selbst Bin Ich das Leben, der Retter. Ihr findet Mich, indem ihr den Weg einwärts geht, hin zum Königreich des Inneren Lebens; denn das Reich Gottes ist inwendig in euch.

So merket wohl: Jeder von euch ist der Tempel des Heiligen Geistes. Wer diesen Tempel reinigt, der heiligt diesen Tempel und findet Zugang zum Inneren Leben, das Ich Bin. Alle äußeren Tempel – einerlei, wie sie sich nennen – werden vergehen. Sie fallen der Umwandlung anheim. Die Erde wird zum Brachland werden, damit sie aus sich selbst wieder neues Leben zu schöpfen vermag.

Doch es wird auf der Erde ein Gebiet geben, von wo aus jetzt schon Mein Leben strömt, wo Ich, Christus, ganz allmählich, ganz im Kleinen, das Reich Inneren Lebens aufbaue, das Friedensreich Jesu Christi, von diesem schon die Propheten des Alten Bundes sprachen. Gott, der Ewige, schloß mit Menschen den Bund für das Reich Gottes auf Erden. Dieses Bündnis gilt, und es wird geschehen. Diese materialistische Welt vergeht. Jetzt schon entsteht aus den Trümmern des menschlichen Ichs der Geist des Lebens, der Ich Bin – das mächtige, ewige, gegenwärtige Ich Bin.

O, ihr Völker dieser Erde, höret bewußt Meine Stimme! O, ihr Menschen, die ihr Mich vernehmt, was wollt ihr tun mit eurem Leben? Wollt ihr es vergeuden, oder wollt ihr euch Mir zuwenden, dem Retter und dem Heil?

Wahrlich, Ich sage euch: Wenn der Dynamo dieser Erde zusammenbricht, dann wird auf der Erde noch größeres Leid sein; denn an den Dynamo sind Menschen, Tiere, Pflanzen und Steine angeschlossen. Die Menschen, die nur auf das Materialistische gesetzt haben und weiterhin setzen, werden rufen: „Holt mich, ihr Götter, denen ich gedient habe!" Doch die Götter hören nicht, denn diese Götzen fallen der Umwandlung anheim. In dieser Zeit werden die Lebenden die Toten beneiden, und sie werden rufen: „Tod, du süßer, wo bist du?" Denn es wird kaum mehr Kräfte geben, die dem Menschen helfen, den physischen Leib zu heilen, den physischen Leib aufzurichten.

Das Heil kommt von innen. Diese Kräfte, dieser sich das menschliche Ich bediente, wandeln sich. Und nur der empfängt, der den inneren Retter sucht, der nach dem einen lebendigen Gott ruft, der Ich, Christus, im Vater Bin, denn der Vater und Ich sind eins.

Was wollt ihr tun mit eurem Leben? Ihr Menschen, stellt euch selbst die Frage: Was habt ihr mit der geliehenen Gottesenergie gemacht? Jeder einzelne kann sich diese Frage stellen. Hat er die Lebensenergie, die Gottesenergie, genommen, die Seele gereinigt und so den Anschluß an das ewige Leben gefunden? Oder hat er die Gottesenergie genommen, heruntertransformiert und Ursachen über Ursachen geschaffen – also menschliches Ich, das wieder über den Menschen hereinbricht, der es geschaffen hat?

O sehet: Ich trete nun in euer Leben, Christus, in der Frage: Habt ihr bewußt den Anschluß an das Innere Leben gefunden? Dann sind eure Seelen licht, hell und kraftvoll. Habt ihr die Gottesenergie heruntertransformiert, Ursachen über Ursachen geschaffen? Dann werden auch die Wirkungen über euch kommen, denn: Was der Mensch sät, das wird er ernten.

Doch in allem Bin Ich der Retter. Jetzt, in diesen Augenblicken, empfanget ihr verstärkt des Retters Kraft.

Ihr Menschen dieser Erde, ihr empfanget nun verstärkt des Retters Kraft. Ich hebe euer Bewußtsein an, auf daß ihr Aspekte eures menschlichen Lebens erkennt, Ursachen also, die ihr geschaffen habt. Erkennet: Wer diese Ursächlichkeiten, das menschliche Ich, rechtzeitig bereut, ja, vom Herzen her bereut, um Vergebung bittet, vergibt, wiedergutmacht, Gleiches und Ähnliches nicht mehr tut – dem nehme Ich die Ursachen ab, wandle sie um in positive Energie, in die Lebenskraft, die er von Gott, dem Leben, empfangen hat, auf daß er wieder zurückfindet in das Leben, zu Gott.

Ihr Menschen dieser Erde, Ich, der Retter und das Heil, strahle euch nun die Lebenskraft aus den Himmeln zu. Ich hebe euer Bewußtsein an. Erkennet eure Ursachen. Wer leidet, der möge sich fragen: Wo liegt die Ursache? Wer krank ist, der möge sich fragen: Wo liegt die Ursache? Wer hungert und einsam ist, der möge sich fragen: Wo liegt die Ursache?
Und wenn ihr auch nur Teile dieser Ursachen findet – so ihr sie ernsthaft bereut, ja,

vom Herzen her bereut, und um Vergebung bittet und vergebt all denen, die euch Leid zugefügt haben, und wenn ihr das, was ihr an Negativem erkannt habt, nicht mehr tut, dann wandle Ich die Ursächlichkeiten in euren Seelen um. Die Schatten wandeln sich. Licht und Kraft ziehen in eure Seelen ein, und ihr empfangt vom Retter Lebenskraft und Hilfe – zuerst jedoch für die Seele, im weiteren Verlauf für den Körper, so dies gut ist.

Erkennet jedoch: Maßgebend ist die Seele, denn sie ist das unsterbliche Gefäß, in dieses das Leben einfließt – und dann vermehrt einfließt, wenn ihr den Weg der Bereinigung eurer Ursachen geht. Dann wandle Ich mit euch die negative Kraft um in positive Kraft – und ihr empfanget das Leben aus Mir.

Ihr Menschen dieser Erde, kehret um! Nützet diese Strahlungsaugenblicke, denn Ich bringe euch die Botschaft und das Heil der Himmel. Was wollt ihr tun? Wollt ihr im Sumpf des Zeitlichen untergehen, an den Ketten eurer Ursachen schmachten? Oder wollt *ihr den Retter rufen und mit dem Retter die Befreiung erlangen und den Schutz – in den Reinigungsebenen für die Seele und im Zeitlichen für Seele und Körper, so dies gut ist?*

Höret, ihr Menschen dieser Erde: Mein Licht ist das Licht eures und Meines Vaters. Ich Bin gekommen, um euch die Botschaft des Friedens zu bringen, euch jedoch gleichzeitig zur Umkehr zu ermahnen und euch gleichzeitig aufzuklären, was in dieser Welt, auf dieser Erde, geschehen wird.

Erkennet: Das Innere Leben ist das Leben eurer Seelen. Was wollt ihr tun mit eurem geistigen Erbe, dem Inneren Leben? Jeder hat den freien Willen zur freien Entscheidung. Ich gebe euch die Kraft, euch dem Inneren Licht zu nähern – doch zum Inneren Licht gelangt nur der, der die Gebote des Lebens, die Zehn Gebote und die Bergpredigt, mehr und mehr heiligt, also in sein Leben einbezieht.

Auf daß ihr euch erkennt, eure Ursachen erkennt, zu denen ihr geworden seid, strahle

Ich euch Mein Leben, das gleich euer Inneres Leben ist, zu. Ihr Menschen dieser Erde, Ich hebe euer Bewußtsein an. Aus der Atmosphäre und aus eurem Inneren strahlt der Christus Gottes, der Ich Bin.

Ihr Kranken, denkt: Ich Bin die Gesundheit in euch.

Ihr Leidenden und Hoffnungslosen, denkt daran: Ich Bin der Tröster in jedem von euch.

Ihr Hungernden, denkt daran: Ich Bin die innere Nahrung, der Geist des Lebens in euch.

Jeder empfängt so, wie er sich Mir, dem Christus Gottes, dem Inneren Licht, zuwendet. Zuwenden heißt, den Weg der Reue und der Bereinigung der Ursachen zu gehen. Wer das Menschliche, das, was er erkannt und bereinigt hat, nicht mehr tut, der findet zur inneren Quelle, zum Retter, zum Christus Gottes, der Ich Bin.

Ihr Kranken, ihr Leidenden, ihr Hoffnungslosen, ihr Hungernden: O empfanget den Trost und das Heil von Mir! Spüret Mich, den Christus Gottes, in eurem Inneren; denn Meine heilige Strahlung möge für euch die Heilstrahlung sein.

Kinder des Heils – denn ihr alle seid Kinder eines Vaters –, kehret um! O sehet: Mein Licht spendet euch Kraft, auf daß ihr in euren Ursachen umzukehren vermögt. Denn jede Ursache ist heruntertransformierte Gottesenergie. Kehret um; bringet Mir euer Sündhaftes; tuet diese Sünde nicht mehr – und ihr empfanget das Heil.

Woraus bestehen die Sünden? Sie bestehen aus niederen Gefühlen, Empfindungen, Gedanken, Worten und Handlungen. Die Summe ist die Sünde, sind die Sünden, die ihr euch im Laufe eurer Wanderungen, fern vom Licht, auferlegt habt.

O sehet: Ich komme zu euch, ja, Ich bewege Mich in euch, auf daß ihr Mich, das Heil und den Retter, euren Erlöser, erkennt. Jeder Mensch ist ein Kind im großen Herzen Gottes. Menschenkind, du bist nicht verlassen! Siehe, Gott, dein Vater, der auch Mein Vater ist, sandte Mich zu dir. Ich Bin der Umwandler in deiner Seele. Ich Bin der Retter und das Heil.

Kind des Herzens, spüre abermals dein Sündhaftes. Ich gebe dir die Kraft dazu.

Ich gebe dir auch die Kraft zur Reue. Willst du wahrlich bereuen? Bereue! Und nun gehe den Weg der Bereinigung. Und nimm dir nun fest vor, diese erkannte Sünde nicht mehr zu tun. Wandle dich durch Meine Kraft. Wandle deine negativen Gefühle, Empfindungen, Gedanken, Worte und Handlungen in lichtvolle Gefühle, in selbstlose Empfindungen und Gedanken. Sei ehrlich und aufrichtig im Wort und in der Handlung, und du wirst Mich verspüren, der in dir das Heil, der Retter und der Verwandler, ist.

Denn Ich, Christus, mache alles neu. Der Vater und Ich sind eins – ein Geist, eine Liebe, eine Kraft, welche die Erde zur Umgestaltung führt. So entsteht durch den einen Geist, durch die eine Quelle, der neue Himmel und die neue Erde.

Kind, werde auch du neu, also rein, durch Mich, deinen Erlöser.

Mensch, siehe, du bist ein Kind Gottes. Jeden einzelnen Menschen spreche Ich an: Mensch, du bist ein Kind Gottes. In dir fließen die Energien der ewigen Liebe, dein göttliches Erbe. Kehre also um, wende dich ab von dem negativen Treiben, und kehre ein in das Licht! Ich Bin bei dir. Ich zeige dir rechtzeitig deine Fehler, deine Sünden, auf. Ich helfe dir, dein Sündhaftes zu bereinigen. Ich stehe dir bei der Verwirklichung bei und helfe dir, daß du gleiches und ähnliches Menschliches, also Sündhaftes, nicht mehr tust.

Siehe, Ich rette dich. Ergreife Meine Hand!

Abermals strahle Ich der Menschheit Mein Licht zu. Und die ehrlichen Herzens sind, nehmen Mein Licht auf und werden Verwandelte. Sie verwandeln sich vom sündhaften Menschen zum geistigen Menschen. Diesem ist der Schutz gegeben in dieser Zeit der Umwandlung.

Meinen Frieden strahlte Ich euch zu. Meinen Frieden strahle Ich euch zu. Erst wenn Friede in euch geworden ist – Friede in euren Gefühlen, Empfindungen, Gedanken, Worten und Handlungen –, dann habt ihr zum Friedensfürst gefunden, der Ich Bin, Christus. Dann habt ihr mit Meiner Kraft die Umkehr vollzogen und ruht in Mir, eurem Heiland und Erlöser. Dann komme, was kommen mag – ihr seid geschützt von Mir, und Ich kann euch dann auch führen, hinführen zu den Quellen des Heils, die auch auf einem bestimmten Bereich der Erde für die Menschen fließen, die wahrlich guten Willens sind.

Ihr Kinder Gottes, ihr empfangt nun abermals die Kraft und das Licht, das Heil, zur Umkehr. Kehret um; denn das, was offenbart ist, wird über diese Welt hereinbrechen. Die Erde reinigt sich. O sagt nicht: „Das wird noch lange dauern." Viele werden noch vieles erleben, auch diesen mächtigen Umwandlungsprozeß, dieser der Erde gilt. Denn Ich mache

130

alles neu, denn Ich Bin eins mit dem ewigen Vater.

Ihr Menschen dieser Erde, empfanget abermals Meinen Frieden und Mein Heil. Denkt daran: Ich Bin der einzige Retter. Ihr braucht Mich nicht da und dort zu suchen – ihr findet Mich in eurem Inneren, denn jeder von euch ist der Tempel, in dem das Heil wohnt. Reinigt den Tempel, heiligt den Tempel – und ihr befindet euch im Reiche des Inneren, dem Ich, Christus, der Sohn des Allerhöchsten, angehöre und dem auch ihr angehört. Denn tief in eurem Inneren seid ihr Kinder des ewigen Reiches.

Meinen Frieden brachte Ich euch, und Meinen Frieden lasse Ich euch.

Friede

Die Katastrophe kann nicht mehr aufgehalten werden – der Ausweg Bin Ich, der Christus Gottes in dir!

Offenbarung von Christus, 1992

Ich Bin der Ich Bin, Christus in Gott, eurem und Meinem Vater. Ich Bin der Prophetische Geist, der Seine Stimme durch Menschenmund erhebt. Ich sitze zur Rechten des Ewigen und komme als Geistwesen wieder, um die Menschheit zu berühren, ja, jeden einzelnen zu führen, hin zu dem ewigen Licht, das in jedem Menschen, in jeder Seele wohnt. Ich komme nicht mehr als Mensch – Ich komme als Wesen aus dem Licht des Seins.

Ich Bin Christus, der Seine Stimme durch Menschenmund erhebt. Ich habe Mir ein Instrument genommen, das Ich Meine Prophetin nenne. Durch dieses Instrument spreche Ich in diese Welt hinein, auf daß Mich die Men-

schen vernehmen, ja, hören können, die ihr Herz für Mich, den Christus, erschließen. Denn Ich Bin der einzige Hirte, und Ich rufe Meine Herde, Ich rufe Meine Schafe. Ja, Ich sammle sie auf der ganzen Welt.

Höret, ihr Menschen, einerlei, wo ihr euch befindet: Mein Geist ist in jedem von euch; denn jeder ist der Tempel des Heiligen Geistes. Dies machet euch in dieser Lichtstunde bewußt. Jeder Mensch ist der Tempel des Heiligen Geistes. Gott, das Licht, wohnt in jedem von euch, in jeder Seele, in jeder Zelle eures Leibes.

O erkennet und erfasset: Der Strom des Heils fließt durch alle Reiche, fließt zu euch und durch euch. Dieser Strom ist der Prophetische Geist, Bin Ich, Christus, im Vater. Als Wesen der Unendlichkeit trete Ich in die Atmosphäre und breite den Mantel des Heils über die Erde und über alle Menschen.

Höret, ihr Menschen dieser Erde: Mein Wort ist gleich das Symbol des Wiederkommens des Christus Gottes. Doch Ich komme nicht mehr im Fleische. Ich war unter den Menschen als Jesus von Nazareth. Jetzt komme Ich zu all jenen, die den Weg nach Innen gehen, den Weg zum Inneren Licht; denn sie werden erhoben werden, weil sie im Bewußtsein des Christus Gottes leben, der Ich Bin.

Ihr habt gehört, daß diese materialistische Welt nicht mehr zu retten ist. Der Materialismus versinkt, weil viele Menschen dem Materialismus frönen und die Gesetze des Lebens nicht annehmen. Kein Mensch kann sagen: „Ich habe nicht gewußt, daß es einen Gott gibt, der Seine Gesetze hat." Kein Mensch kann sagen: „Ich habe nicht gewußt, daß das Reich Gottes inwendig im Menschen, ja inwendig in jeder Seele ist."

O erkennet: Gott gab durch Mose den Menschen die Zehn Gebote. Als Jesus von Nazareth verwirklichte Ich die Zehn Gebote, lehrte die Bergpredigt und verwirklichte sie. Das ist der Weg zum Herzen Gottes. Wer sie erfüllt, die Gesetze Inneren Lebens, der wird gefüllt von

*Licht und Kraft und erlangt die göttliche Weis-
heit. In der göttlichen Weisheit ist der Intellekt
nicht verankert. Der Intellekt ist das Verstandeswissen, ist das, was sich der Mensch ange-
lernt hat. Mit diesem menschlichen Ich-Be-
wußtsein sendet er und programmiert den materiellen Kosmos und die Reinigungsebenen.
So steht er mit seinen eigenen Gedanken in
Kommunikation und ruft von diesem Sende-
und Empfangspotential das ab, was in ihm
liegt: sein Ich zu loben, zu preisen und sein
niederes Ich an die Macht zu heben.*

*Wer folgt solchen irdischen Führern, welche
die Menschheit mehr und mehr in die Katastrophe lenkten? Es folgten ihnen viele und
folgen ihnen heute noch unzählige Menschen.
Weil ein großer Teil der Menschheit verführt
ist, sandte Mich Mein ewiger Vater, der auch
euer Vater ist, wieder zu euch. Deshalb nahm
Ich Mir ein Instrument, durch dieses Ich weltweit spreche und die Menschheit aufkläre, daß
viele Menschen in die Irre gegangen sind und
in die Irre gehen.*

Höret also die Stimme eures Erlösers und Bruders, der euch aufklärt und warnt!

Sehet: Die Menschheit geht einer nie dagewesenen Katastrophe entgegen, denn eure intellektuellen Führer malträtieren die Erde, die Atmosphäre und nicht zuletzt die hörige Menschheit. Die letzte Sprosse auf der Leiter des scheinbaren menschlichen Erfolges ist die Manipulation des menschlichen Erbgutes, die Manipulation der sogenannten Gene. Ich warne euch, diese Manipulationen zu befürworten, einerlei, wie sie euch dargereicht werden. Ich sage euch, sie führen zum Chaos für den einzelnen Menschen.

O erkennet und erfasset in euren Herzen: Alles ist Bewußtsein. Die ganze Unendlichkeit ist Energie. Alles, jeder Baustein der Unendlichkeit, sendet und empfängt. Auch ein sogenanntes Gen besitzt Programme, ist also ein Baustein, der sendet und empfängt. Nehmt ihr fremde Gene auf, Gene, die nicht eurem Naturkörper entsprechen, dann nehmt ihr fremdes Sende- und Empfangspotential auf. Das bedeutet, daß ihr mit der Zeit Fremdgesteuerte werdet.

Baut sich ein Gen in die Zelle, in den Körper ein, teilt sich die Zelle, dann vermehrt sich auch das Sendepotential. Das bedeutet, daß ganze Organe fremdgesteuert werden können. Diese Fremdsteuerung wird oftmals vom Organismus nicht mehr angenommen, außer, es werden immer mehr Organe fremdgesteuert. Das bedeutet, daß der Mensch nicht mehr zu seinen Gefühlen und zu seinem Gewissen findet. Das bedeutet im übertragenen Sinne, daß er ein sogenannter Roboter ist, der von den Intellektuellen gesteuert wird und somit von den Dämonen und ihren Helfershelfern.

Ich warne euch, solche Geschehnisse zu bejahen. Denn wer nicht mehr zu seinen Gefühlen und zu seinem Gewissen findet, ist ein gewissenloser Mensch, der alles ausführt, was ihm eingegeben wird.

So mancher Wissenschaftler sagt, diese Manipulationen wären die Lösung. Wofür? Für eine heile Welt? Die heile Welt kommt nicht durch die Manipulationen – die heile Welt kommt durch Menschen, die ihr Heil in Mir, dem Christus, suchen und Mich durch den Weg der Verinnerlichung finden. Denn das Heil kommt aus dem ewigen Sein, aus dem Reich, aus dem Ich spreche und das eure wahre Heimat ist; denn ihr seid alle Kinder des Inneren Reiches, Kinder des Reiches Gottes.

Als Wissenschaftler das Energieproblem lösen wollten, sprachen sie auch von einer guten Lösung, indem sie die atomare Kraft teilten, sie aufbereiteten – doch es blieb bei einer sogenannten Lösung. Gelöst ist dieses Problem nicht! Denn es fällt über die Menschheit herein, und die Ursachen muß die ganze Menschheit in der weltweiten Katastrophe tragen.

Das nächste Problem – wieder eine Lösung, eine scheinbare Lösung: die Manipulation des menschlichen Erbgutes. Gelöst wird dieses Problem nur durch die weltweite Katastrophe, und diese weltweite Katastrophe kann nicht mehr aufgehalten werden. Es ist vorbei mit der materialistischen Welt, jedoch nicht mit dem einzelnen Menschen, mit der einzelnen Seele.

Wahrlich, wahrlich, Ich sage euch: Das Licht Gottes in Mir, dem Christus, ruft euch zur Umkehr. Ihr könnt dieses Weltenproblem nicht mehr lösen, und schon gar nichts ist gelöst. Scheinbare Lösungen gibt es viele, doch nur scheinbare. Gelöst ist nichts. Gelöst wird es durch die weltweite Katastrophe. Dieses Sündenpotential, das die Erde zu tragen hat, wird die Sintflut zudecken, denn ein mächtiger Polsprung wird alles überdecken, was menschlich ist; und die Gestirne, die sich neu formieren, werden die Erde reinigen und anheben, so daß auf der Erde das erstehen kann, was jetzt schon begonnen hat: das Friedensreich Jesu Christi, Mein Reich, in welchem Ich der Herrscher Bin.

Wahrlich, wahrlich, Ich sage euch: Jetzt kommt die Zeit, da die Lebenden die Toten beneiden werden. So mancher Manipulierter ruft: „Ich will sterben." So mancher Manipulierter will sich das Leben nehmen und kann es nicht, denn der Impuls kommt von dem Dämon: „Lebe weiter!", und dieser Impuls geht ein in den Programmierten, und er erfüllt wieder seine dämonische Pflicht als Manipulierter, gleichsam Programmierter.

Viele Menschen fragen: Warum greift Gott nicht ein?

Ich sage euch: Das Gesetz von Saat und Ernte greift ein, denn dieses Kausalgesetz haben sich die Menschen geschaffen. Diese Gesetzmäßigkeiten menschlichen Ichs kommen auf die Menschen zu. Gott ist in Mir, dem Christus Gottes, der Retter und nicht der Zerstörer. Zerstören tut das menschliche Ich – nicht das mächtige Ich Bin.

O erkennet: Die Erde als solche, als Planet in Gott, wird gerettet werden, jedoch nicht das, was sich auf der Erde vollzieht, das, was auf der Erde satanisch ist.

Wo ist der Ausweg aus diesem Labyrinth menschlichen Ichs?

140

Menschenkind, der Ausweg aus diesem Labyrinth menschlichen Ichs Bin Ich, der Christus in dir. Du hast richtig gehört: Der Ausweg Bin Ich, der Christus Gottes in dir, denn du bist der Tempel des Heiligen Geistes. Laß diesen Tempel nicht verunreinigen. So mancher sagt: „Er wird sich von selbst verunreinigen, denn wir Menschen nehmen den Unrat auf, auch im Wasser und aus der Luft." Doch Ich sage euch: Der Geist des Lebens kann im Menschen alles neutralisieren, also umwandeln, wenn der Mensch sich auf die inneren Werte besinnt, auf das Innere Leben, auf seine wahre Herkunft und auf sein göttliches Erbe.

Menschenkind, die wahre Herkunft deiner Seele – denn jeder Mensch hat eine Seele – ist das Reich Gottes. Du kamst aus den Himmeln und wurdest ein belastetes Seelenkind und, im übertragenen Sinne, ein belasteter Mensch. Ist die Seele gereinigt, dann ist sie wieder zum Geistwesen geworden, zu dem Kind der Himmel, zu dem Sohn und zu der Tochter des ewigen Seins.

Der Ausweg aus der Katastrophe ist: Rette, o Mensch, deine Seele, und rette deine Gefühls- und Empfindungswelt! Du kannst sie nur retten durch den Weg nach Innen. Ja, o Menschenkind, du hast richtig gehört: durch den Weg nach Innen. Denn in dem Augenblick, da du in deinem Leben die Zehn Gebote und die Bergpredigt anwendest, spürst du den Christus Gottes, das Licht, in dir. Ich Bin der Umwandler der Negativenergie in positive Lebenskraft. Dadurch beginnt deine Seele und auch dein Mensch höher zu schwingen und steht dann auch mehr und mehr über der niederen Schwingung des menschlichen Ichs, auch über der Manipulation, die mehr und mehr erfolgt.

Höre, o Mensch, Meine Stimme in dir; ja, laß Mein Wort in dein Inneres fallen. Erfasse den Sinn Meines Wortes, und du hörst noch mehr heraus; denn in dieses Mein Wort lege Ich die ganze Unendlichkeit, das ewige Gesetz. Erspüre in Meinen Worten Mein Gesetz, das Gesetz der Liebe, das dein ewiges Erbe ist. Rette

deine Gefühls- und Empfindungswelt! Rette
also dein Gewissen, denn über deine Gefühle
und Empfindungen spürst du dein Gewissen,
das dich mahnt, dieses und jenes nicht zu denken, von diesem und jenem abzulassen. Du
erkennst, was sündhaft und was göttlich ist.

Wenn du dies nicht mehr erkennst, weil du
manipuliert bist, dann wirst du dich unendlich
belasten, und deine Seele hat Unendliches zu
erdulden und zu erleiden; denn diese ist un-
sterblich. Diese geht in die Stätten der Reinigung ein und muß das betrachten, ja, das
erleben, was sie als Mensch verursacht hat.

Deshalb, o Menschenkind, ja, Ich rufe jeden
einzelnen Menschen: Erwache, o Mensch! Die
Rettung ist der Christus Gottes in dir! Ich Bin
das Gesetz des Inneren Lebens, das in dir, in
deiner Seele, ist und in jeder Zelle deines Leibes; denn Gott, das Gesetz der Liebe, ist allgegenwärtig und ist somit auch in dir, in jedem
einzelnen Menschen, in jeder Seele.

Rette dich, o Mensch! Mache dir bewußt,
daß du ein Kind Gottes bist. Lasse dich nicht

manipulieren, denn du nimmst dann die Kräfte auf, die dich bestimmen.

Gehe den Weg nach Innen. Besinne dich auf die Zehn Gebote und auf die Bergpredigt, und erfülle, was dir vom Ewigen geboten ist: ein Leben in Mir, dem Christus.

Mein Kind, so spreche Ich dich, o Mensch, an, einerlei, wo du dich auf dieser Erde befindest. Wahrlich, du bist Mein Kind, denn durch Meine Erlösertat auf Golgatha habe Ich dich an Kindes Statt angenommen. Ich Bin dein Ziehvater, Christus, der dich zum Ur-Vater führt, in das ewige Gesetz, zu deinem göttlichen Erbe.

Erwache, und mache dir bewußt: Es gibt nur noch einen Ausweg – und der Bin Ich. Der Innere Weg ist jedem Menschen zugänglich, und jeder Mensch kann ihn gehen, sofern er ihn gehen möchte. Wenn er jedoch den Inneren Weg bejaht, dann soll er ihn auch gehen, denn nur die Bejahung bringt ihm nicht die Sicherheit, daß Ich, Christus, das Innere Licht,

in ihm auferstehe. Ganz im Gegenteil: Wer
den Inneren Weg bejaht und ihn nicht geht,
ist den gleichen Gefahren ausgesetzt, ja, auf
ihn wird um vieles mehr eingestrahlt; denn er
soll den Inneren Weg hin zu Mir, Christus,
vergessen; er soll ihn nur bejahen, jedoch nicht
gehen. Denn wenn er ihn nur bejaht und nicht
geht, dann wird auch die Gefühls- und Emp-
findungsebene blockiert und somit auch das
Gewissen.

Höret, ihr Menschen, und erfasset, in welcher Zeit ihr lebt! Es ist die Zeit des Niedergangs – doch gleichzeitig die Zeit des Auf-
bruchs. Denn aus der Zeit des Niedergangs
ersteht das Innere Reich, das auf die sich reinigende Erde kommt, das Reich des Friedens.

Wahrlich, Gott, der Ewige, macht alles neu.
Und so wird ein neuer Himmel und eine neue
Erde entstehen. Bis dies geschieht, wird auf
der Erde noch viel Leid auszutragen sein, nämlich von den Menschen, die Hörige derer sind,
die sie manipuliert haben und manipulieren.

*Ich sprach von einem mächtigen Polsprung.
Diesem gehen kleinere voraus. Wer in das
Weltgeschehen blickt und auf die Erde, der
erkennt, was sich anbahnt, und spürt die Er-
schütterungen, die darauf hindeuten.*

*Wohl dem, der das Ruder herumreißt und
spricht: „Nicht mehr so wie bisher! Ich habe
erkannt, daß in mir der Christus Gottes wohnt,
das Innere Licht. Dem rudere ich zu!"*

*Auf dieser Erde haben sich in Meinem
Namen Kranke versammelt. O sehet: Ich Bin
der Tröster, der Innere Arzt und Heiler, der
Lebensbringer und der Lebensretter. Ich Bin
für alle Menschen und Seelen da, denn Ich
Bin ihr Erlöser und Befreier.*

*Mein Licht strahlt in die Seelenreiche zu
den Seelen, die Ich im Bewußtsein erwecke,
daß der Weg einwärts geht.*

*Ich strahle zu allen Menschen, um sie zu
erwecken, ihnen zu sagen: Die Rettung ist inwendig in jedem einzelnen – und die Rettung
Bin Ich, Christus, der Retter.*

Ich strahle Mein Licht zu den Kranken, zu den Einsamen, zu den Verlassenen, zu den Hungernden. Ich Bin der Helfer in jeglicher Not. Ich Bin der Innere Arzt und Heiler, der die Seele rettet und die Seele heilt und, so es gut ist, auch den Menschen.

Daher kommet alle zu Mir, die ihr mühselig und beladen seid. Wohin sollt ihr gehen? In euer Inneres. Ja, ihr habt richtig gehört: in euer Inneres, denn dort, einzig dort, ist das Heil.

Meine Kinder, die ihr krank seid, o erkennet: Weshalb seid ihr krank? Ihr habt die Krankheit, eure Krankheit, selbst in eure Seele und in die Gestirne eingegeben. Über die Gestirne wird eure Krankheit gleich den Ursachen in der Seele angeregt. Die Seele strahlt die Ursächlichkeiten in den Menschen, und so erlebt der Mensch, was er gesät hat. Die Krankheit baut sich auf durch gegensätzliche Gefühle, Empfindungen, Gedanken, Worte, Handlungen, durch Wünsche und Leidenschaften, die außerhalb des ewigen Gesetzes der Liebe

147

sind. Es ist dann das Personengesetz; es ist dein Gesetz, o Mensch, das du ausgesandt hast, denn alles ist Gesetz, weil alles Energie ist.

Was du säst, das erntest du. Doch wisse: Die unendliche Gnade und Liebe mahnt dich immer wieder – und das erfolgt über dein Gefühl, deine Empfindungen und dein Gewissen. Siehe, diese drei Aspekte sind von großer Bedeutung, denn über diese drei Aspekte in dir erkennst du, was du verursacht hast.

Übergibst du das Erkannte, dein Menschliches, deine Ursachen, Mir, dem Christus, indem du den Weg der tiefen Reue gehst, der Bitte um Vergebung, der Vergebung, der Wiedergutmachung, soweit dies noch möglich ist, und so du dann die gleichen Sünden nicht mehr tust, empfängst du die Hilfe von innen, das Heil und die Heilung deiner Seele.

In dieser Stunde Inneren Lebens möchte Ich dir, o Menschenkind, das du krank bist, das du in Not bist, das du leidest, Hilfe und Heil zukommen lassen.

Menschen – Menschen, die ihr krank seid; Menschen, die ihr leidet; Menschen, die ihr hungert: Überprüft nun, weshalb diese Leiden über euch kamen. Ihr habt sie selbst gesät, und nun steht ihr in der Ernte eurer Saat. Doch Ich Bin in euch der Retter, der Helfer, der Heiler. O kommet zu Mir, Meine Kinder, die ihr Meine Schafe sein sollt; denn Ich will euch führen, Ich, der Christus, auf die Weide Inneren Lebens zu lichten Höhen und euch befreien von all dem, was ihr euch an Menschlichem auferlegt habt.

In dieser Stunde Inneren Lichtes hebe Ich euer Bewußtsein an. Erkennet: Alles ist Bewußtsein. Alles sendet und empfängt. Alles ist Energie; die ganze Unendlichkeit ist Leben und somit Energie.

Ich hebe euer Energiepotential, euer Bewußtsein, an und strahle in eurem Inneren euch Mein Licht zu.

Menschenkind, Ich rege in dir über deine Gefühls- und Empfindungswelt, auch über dein Gewissen, Gedanken an. Gedanken kommen. Gedanken zeigen dir Ursächlichkeiten auf, dein eigenes Menschliches, dein eigenes Fehlverhalten.

Prüfe dich: Willst du diese negativen Aspekte aus deiner belasteten Seele bereinigen? Dann komme zu Mir. Ich strahle nun in dein Inneres.

Ich hebe dein Bewußtsein an.

Nun kommen Empfindungen und Gedanken. Du siehst dich selbst in deinen Gedankenbildern. Erkenne dich.

Möchtest du das Erkannte, das Aspekte deines Ichs sind, bereinigen? Dann gehe jetzt in Gedanken den Weg, den Ich dir vorgezeigt habe.

Bereue tief.

Bitte um Vergebung.

Und nimm dir nun vor, das, was du erkannt hast, dieses Sündhafte, nicht mehr zu tun. Ja, nimm dir dies fest vor, denn so du ein anderer wirst, ein Mensch, der sich mehr und mehr

Mir zuwendet, wird in der Seele dein Menschliches nach und nach getilgt. Dann heilt deine
Seele, und auch dein Mensch kann dann Heilung erlangen. Wisse jedoch: Zuerst erfolgt die
Heilung in deiner Seele.

So mancher ruft: „Herr, Herr, heile mich!",
und Ich sage ihm: Ich kann dir nur Heilung
schenken, wenn du deine Sünden nicht mehr
tust, das Sündhafte, das du tagtäglich an dir
erkennst.

Viele sagen, Jesus heilte – doch Er heilte
nicht alle. Auch als Jesus von Nazareth heilte
Ich nicht alle Menschen, weil nicht alle um-
gekehrt sind. Sie blieben weiter in ihrer Sünde.
Sie blieben weiter in dem, was sie zu tragen
haben – ihre Sünde an Seele und Leib. Sie
blieben also weiter in ihrer sündhaften Gedankenwelt, in ihrem sündhaften Tun. Deshalb
konnten sie keine Heilung erlangen.

Das gleiche gilt für alle Menschen, die in
Not sind, die hungern und dürsten. Jeder muß
sich fragen, warum dies Schicksal ihn trifft –

weil es s e i n Schicksal ist, das, was er selbst eingegeben hat. Doch in jedem ist der Helfer und Retter, Christus. Die Umkehr tut also not, indem der Mensch einkehrt durch den Weg nach Innen, indem er die Gesetze Inneren Lebens befolgt und sich so zu Mir wendet, dem Licht und dem Heil.

Abermals hebe Ich euer Bewußtsein an. Ihr Kranken, ihr Notleidenden, ihr Hungernden und Betrübten, ihr Suchenden nach der Wahrheit Inneren Lebens – Ich hebe euer Bewußtsein an. O findet euch in euren Gefühlen, Empfindungen und Gedanken. Findet euch selbst darin – das seid ihr. Was wollt ihr Mir davon übergeben? Was wollt ihr nicht mehr tun?

Dieses Menschliche wandle Ich in euch um. Aus der negativen, der sündhaften Energie wird lichte, positive Kraft. Die Seele lichtet sich. Der Leib wird heller. Der Mensch gesundet. Das Leid nimmt ab. Die Schmerzen gehen zurück. Die Notleidenden, die Betrübten werden Führung und Hilfe erlangen.

Wachet! Wachet und betet inbrünstig, und ihr werdet den Christus Gottes, der Ich Bin, erspüren; denn Ich Bin wiederum vom Vater gesandt. Als Lichtwesen komme Ich zu euch und stehe in der Atmosphäre und strahle euch Gesundheit, Hilfe und Heil zu. Und wer sich Mir hingibt, indem er den Weg nach Innen geht, der empfindet, was Ich in ihn hineinlege. Die Schmerzen gehen zurück. Hoffnung zieht ein. Die Leidenden fühlen den Trost, die Hungernden die Führung und zuerst die innere Sättigung.

Kehret um! Nur in der Umkehr, die gleich die Einkehr ist, liegt das Heil und das Licht, ja, liegt die Rettung Meiner Kinder.

Abermals hebe Ich euer Bewußtsein an. Nützt die lichte Stunde, in dieser ihr Mein Wort und Meine Strahlung bewußt vernehmt. Nützet diese lichte Stunde! Geht den Weg der Reue und der Bereinigung, den Ich euch vorgezeigt habe. Nehmt euch vor, die erkannten Sünden nicht mehr zu tun – und ihr könnt sicher sein: Ich, das Licht in euch, wandle das

Dunkle in Licht um; denn Ich Bin der Wandler und der Verwandler, ja, der Retter.

O kommet alle zu Mir her – ja, zu Mir in euer Inneres, und machet euch in dieser segensreichen Stunde bewußt, daß jeder von euch der Tempel Gottes ist. Ihr braucht nicht in goldverbrämte Kirchen. Heiligt euren Tempel, indem ihr die Gesetze Inneren Lebens mehr und mehr erfüllt. Dann werdet ihr von diesen Manipulationen Abstand nehmen; und so ihr manipuliertes Gut aufnehmt, könnt ihr sicher sein: Der lebendige Christus-Gottes-Geist in euch, dem ihr euch zuwendet und zu Dem ihr hinwandelt, verwandelt alles, nämlich das Niedere, das Gegensätzliche, in positive Lebenskraft.

So werdet ihr eure Gefühls- und Empfindungswelt behalten und auch euer Gewissen. Und ihr werdet bewußt die Söhne und Töchter bleiben, auch in dieser schlimmen Zeit, die über die Menschheit hereinbrechen wird.

Sehet: Aus den Trümmern menschlichen Ichs steigt der Geist empor, der Geist Inneren

Lebens, der euch ruft, der Christus Gottes, der euch frei machen möchte, auf daß ihr den Weg himmelwärts findet, heraus aus der Enge des menschlichen Ichs, hin zum Inneren Leben. Das ist kein Versprechen – das ist Tatsache, und die Tatsache ist in euch: der Christus Gottes.

O sehet: Aus den Trümmern dieser Zeit steigt der Geist empor und baut jetzt schon das Friedensreich, das Reich, das Innere, auf, das nun im Äußeren sichtbar wird.

Kommet in das Innere Reich, denn das Reich Gottes ist inwendig in euch. Wandert hinein, und ihr könnt geführt werden. So, wie der Dämon die Seinen steuert – so führe Ich die Meinen, und Ich führe sie zu dem gelobten sicheren Land, zu der Insel, ja, zu dem Leben, das sich trotz Niedergang des Materialismus auf dieser Welt aufbaut. Denn die Arche ist schon gezimmert.

Kinder! Kinder! Hört die Stimme eures Bruders und Erlösers, der euch Ziehvater geworden ist durch die Erlösung! Ich Bin der Retter. Ich Bin der Hirte. Mein Wort schallt über den Äther, denn Ich sammle Meine Schafe, und Meine Schafe werden mehr und mehr Meine Stimme erkennen; denn Meine Schafe werde Ich zu den seligen Auen führen, zu dem inneren Frieden, der Ich Bin.

Kind – Kind Meines Herzens, du empfängst nun abermals Meine Segnungen. Abermals empfängst du Heilung für deine Seele. Abermals empfängst du Hilfe in jeglicher Not.

Baue – baue auf den Christus Gottes in dir, indem du den Weg zum Christus Gottes, zu Mir, gehst. Der Weg ist gegeben. Der Weg ist auch in den Zehn Geboten und in der Bergpredigt. Alles in allem ist es der Weg zum Reiche des Inneren; denn das Reich Gottes ist inwendig in jedem von euch.

Ich gab euch die Bergpredigt. Gott, der Ewige, gab euch über Mose die Zehn Gebote. Über den Prophetischen Geist, der wiederum Ich Bin, gab Ich euch den Inneren Weg in allen

Details. Wie ihr eure menschlichen Gedanken, Gefühle und Leidenschaften erkennen und Mir übergeben könnt, zeigt der Weg auf. Gehet den Weg des Inneren, denn es ist der Weg der Rettung.

Meine Kinder, bleibt in dem Bewußtsein: Ihr seid der Tempel des Heiligen Geistes. Jeder von euch ist der Tempel Gottes, und der Geist Gottes, der Christus Gottes, wohnt in jedem von euch. Haltet dieses Bewußtsein! Dann werdet ihr euch auch mit Meiner Kraft mehr und mehr reinigen, und ihr werdet sicheren Fußes in das Gelobte Land gehen, und ihr werdet sicheren Fußes in das ewige Reich zurückkehren, weil Ich Meine Herde führe.

Laßt euch nicht steuern – laßt euch führen von Dem, der euch ruft und der in euch wohnt!

Wahrlich, wahrlich, Ich sage euch: Ich, Christus, kommt nicht mehr im Fleische. Ich komme im Geiste und komme den Menschen immer näher, die den Willen des Ewigen tun, der auch Mein Wille ist.

Ich stehe als Wesen in der Atmosphäre. Ich segne alle Menschen. Ich segne die Erde. Ich segne die Naturreiche. Achtet auf eure Übernächsten, die Tiere. Beachtet die Pflanzenwelt. Wahrlich, die Natur ist ein Teil eures geistigen Inneren Lebens. Achtet sie, und ihr findet mehr und mehr zu eurem geistigen Erbe, das euer wahres Sein ist.

Segnend breite Ich Meine Arme aus und strahle das Licht auf die Erde zu allen Menschen. Ich strahle Mein Licht in die Naturreiche. Gedenket des Lebens! Gedenket des Christus Gottes in euch! Gedenket der Schöpferkraft in Tieren, Pflanzen und Steinen; denn Gott ist allgegenwärtig und somit überall. So ihr euer Leben achtet, werdet ihr auch das Leben der Naturreiche achten; denn die Natur gehört zu euch, so, wie ihr zu der Natur gehört. Es ist ein Ganzes aus dem Garten Gottes.

Als Wesen kehre Ich zurück in das Innere Reich zum ewigen Vater, denn Ich Bin der Mitregent der Himmel und dieser Erde und

der Herrscher des sich aufbauenden Friedens-
reiches.

Mein Segen strahlt ein in Menschen, Seelen,
Tiere, Pflanzen und Steine. Mein Segen geht
ein in die Gestirne. Alles in allem ist das Licht
und die Kraft Gott. So strahle Ich euch Meine
Hilfe im ewigen Frieden zu.

Mein Friede und Meine Liebe wohnen in
euch.

Friede!

Aktiver Glaube:
Tue es!

Offenbarung von Christus, 1994

Meinen Frieden und Meine Liebe bringe Ich euch. Ich Bin der Gute Hirte, und Meine Schafe kennen Meine Stimme. Ich Bin Christus, der Sohn des lebendigen Gottes, der sich durch Prophetenmund offenbart. Deshalb erfasset den Sinn der Worte, und ihr lernt Mich, Christus, euren Erlöser, zu verstehen.

Ich rufe alle Menschen in allen Völkern zur Umkehr und zur Einkehr auf. Erkennet, ihr Menschen in allen Völkern dieser Erde: Jeder einzelne von euch ist der Tempel Gottes. Infolgedessen heißt es: Kehre ein, o Mensch, in dein Inneres, und wisse: Gott wohnt in dir. Um einzukehren in das Innerste, zum Allerheiligsten, Gott, bedarf es der Umkehr. Kehre um heißt: Erkenne deine Sünden, bereue und bereinige sie, und tue sie nicht mehr. Anstelle des Sündigens erfülle Schritt für Schritt die

Zehn Gebote und die Bergpredigt. Dann wanderst du ganz allmählich in dein Inneres zum Heiligtum des ewigen Seins. Du näherst dich also Gott, dem Leben, in dir, und trittst so dein göttliches Erbe an. Du erlebst also Gott, deinen ewigen Vater, in dir, auf daß du wieder zum bewußten Kind wirst, zum Sohn und zur Tochter Gottes.

Auf daß alle Seelen und Menschen den Weg nach Innen finden – denn das Reich Gottes ist inwendig in jedem einzelnen –, kam Ich als Jesus von Nazareth. Ich lehrte euch die Gesetze des Lebens und erfüllte sie. Der Sohn des Allerhöchsten, der Ich Bin, wurde also Mensch. Als der Menschensohn, der Jesus von Nazareth, lehrte Ich euch das, was euch nach innen führt zum Leben: das Gesetz der Liebe. Auf Golgatha brachte Ich euch die Erlösung. Infolgedessen Bin Ich euer Erlöser. Mein Geist ist also in euch und ist der Weg, die Wahrheit und das Leben. Ich führe euch zum ewigen Vater – doch über euer Innerstes, denn jeder einzelne soll wieder das Reich des Friedens, das Reich des Inneren, erschließen, auf daß er wieder bewußt das Kind, der Sohn und die Tochter ist.

Erlösung heißt also: Ich, euer Erlöser, gab euch die Kraft und gebe sie euch täglich, um eure Sünden zu erkennen, zu bereuen, zu bereinigen und nicht mehr zu tun. Auf diese Weise löst ihr euch von den Fesseln der Sünde und werdet eins mit eurem Erlöser, mit Mir, Christus, und schrittweise eins mit Gott, eurem und Meinem Vater.

Viele jedoch glauben, es bedürfe nicht des Weges, es bedürfe also nicht der Anstrengung, den Weg nach Innen zu gehen. Viele sind der Ansicht, Ich, euer Erlöser, habe alle Sünden auf Mich genommen. Wahrlich, Ich sage euch: Wenn ihr in diese Worte hineinblickt, Ich hätte alle Sünden auf Mich genommen, dann erlebt ihr, daß Ich die Verantwortung für die Sünder übernommen habe, auf daß alle Sünder ihre Sünden erkennen, bereuen, bereinigen und sie nicht mehr tun und so eingehen in das Herz der Liebe, zu Gott, als reine Wesen in Gott.

Außerdem sprach Ich als Jesus von Nazareth vom rechten Tun, also von der Erfüllung, und somit von dem Weg der Reue, der Bereinigung

162

und des Nicht-mehr-Tuns der Sünde und der Erfüllung der Gesetze Gottes, denn Ich brachte sie den Menschen und lebte sie den Menschen vor.

So mancher spricht: „Der Glaube genügt." Doch Ich sage euch: Wenn euch der Glaube genügt, dann werdet ihr niemals die Gotteserfahrung erlangen. Wenn euch der Glaube genügt, dann werdet ihr auch nicht die Schritte tun hin zum Inneren Leben, hin zu Gott, der in euch wohnt. Das ist der passive Glaube, der nichts mit Meinen Worten gemeinsam hat, mit den Worten: Tue es! Erfülle Schritt für Schritt die Gesetze des Lebens, und werde durch Mich, deinen Erlöser, rein, um einzugehen in das Leben.

Wahrlich, Ich sage euch: Der aktive Glaube führt zur Hoffnung, zum rechten Tun und führt zur Gottes- und Nächstenliebe. O erkennet, den passiven Glauben will der Widersacher; ihr sollt passiv bleiben und somit weiter sündigen, denn wer seine Sünden nicht erkennt, der tut sie immer wieder. O erkennt, sogar im Sündigen ist das Tun, doch so mancher spricht: „Glaube, und du brauchst nichts tun. Jesus, der Chri-

stus, hat für dich alles getan." Das ist die Irr-
lehre. Das ist die Lehre der Dämonen und der
Helfer der Dämonen.

O erkennet: Wenn ihr sündigt, dann t u t
ihr auch. Ihr denkt wider das Gesetz der Liebe.
Ihr sprecht wider das Gesetz der Liebe. Ihr handelt wider das Gesetz der Liebe Gottes. Infolgedessen t u t ihr. Doch der Widersacher
spricht: „Du brauchst nichts zu tun, nur zu
glauben. Jesus, der Christus, hat für dich alles
getan."

Mein Kind, o Mensch, für Mich oder gegen
Mich? Glaube an Mich heißt aktiver Glaube:
Erkenne täglich deine Sünden. Bereinige sie
mit Meiner Hilfe, und tue sie nicht mehr. Das
ist das schrittweise Leben im Geiste Gottes.
Das ist das Hineinwandern in das Reich des
Innersten.

O erkennet: Wenn ihr nun danach forscht,
ob nicht doch der passive Glaube die innere
Freude und das Glück bringt, die Gottnähe,
so möchte Ich euch einige Beispiele geben aus
eurem Leben. Ihr steht vor eurem Kleid; sprecht

zu ihm: „Bekleide mich! Ich glaube, daß du mich bekleidest. Ziehe dich über meinen Körper." Tut das Kleid dies? Du sitzt vor einer Speise und sprichst zu der Speise: „Ich glaube, daß du in mein Verdauungsorgan eingehst." Ich frage euch: Geht die Speise in das Verdauungsorgan ein, ohne daß ihr etwas dazutut? Und kleidet euch euer Kleid, ohne daß ihr etwas dazutut?

Ihr nehmt eine sogenannte Landkarte zur Hand und sagt: „Dieses Land werde ich bereisen. Ich bleibe stehen und warte, bis das Land zu mir kommt oder ich in diesem Land sein werde. Ich glaube, daß ich jetzt in diesem Land sein werde", und ihr bewegt euch nicht – werdet ihr dann in diesem Land sein? Oder müßt ihr t u n ?

Sehet, ganz einfache Beispiele. O erkennet weiter an eurem eigenen Leben: Draußen ist es kalt, und ihr wollt nach draußen gehen. Ihr sprecht zu eurem Mantel: „Umkleide mich, und führe mich nach draußen." Kommt der Mantel, umkleidet er euch, und führt er euch nach draußen? Oder müßt ihr t u n ?

Wahrlich, wahrlich, Ich sage euch: Wer den passiven Glauben befürwortet, der spricht ja zum Widersacher und läßt sich von ihm verführen. Und so gibt es viele Verführte.

Ein weiteres Beispiel: Ein See ist zum Tümpel geworden. Ihr erkennt, er hat kaum einen Ablauf und kaum einen Zulauf. Wenn ihr nun vor dem Tümpel steht und sprecht „Reinige dich, See, damit die Fische wieder leben können in dir" – wird sich der See dann reinigen? Oder müßt ihr etwas tun, indem ihr einen Ablauf und einen Zulauf schafft, so daß sich der See wieder klärt und die Fische wieder in ihrem Element sein können, im klaren, sauerstoffreichen Wasser?

Und so mancher spricht: „Ich bin krank; ich glaube an Gott, daß Er mich heilt." Siehe, wenn du nur glaubst, weißt du nicht, was zur Krankheit geführt hat. Kennst du deine Sünden? Wenn du also den Tag nicht nützt und im Tag dein Sündhaftes, das, was du heute erkennen und bereinigen sollst, nicht ansiehst und auch nicht bereinigst, wirst du zu diesem

Tümpel. Es fließt kaum göttliche Kraft zu und fließt auch keine negative Kraft ab, denn gerade in der Bereinigung des Sündhaften und im Nicht-mehr-Tun schafft der Mensch den Zulauf für den göttlichen Strom und den Ablauf für das Gegensätzliche, für das Sündhafte.

O erkennet und erfasset in euren Herzen: Ohne aktiven Glauben gibt es auch keine rechte Hoffnung, und ihr findet auch nicht zu der Gottes- und Nächstenliebe. Gerade der aktive Glaube spricht zu euch: Jeden Tag wirst du von deinen sündhaften Eingaben berührt. Jeden Tag pocht der Christus Gottes, der in dir wohnt, dein Erlöser, an dein Herz. Jeden Tag spricht dein Schutzwesen, dein Schutzgeist, in dein Gewissen und spricht: Erkenne das Sündhafte in deinen Gefühlen, Empfindungen, Gedanken, Worten und Handlungen. Siehe, bereue dies von ganzem Herzen. Bitte um Vergebung. Vergib auch deinem Nächsten, der sich an dir versündigt hat. Und so du noch einiges gutmachen kannst, tue es. Tue es, heißt es. Und dann tue diese Sünde nicht mehr. Dafür erfülle

schrittweise die Gesetze des Lebens, also t u e
es. Auf diese Weise klärt sich der See, klärt
sich deine Seele, klärt sich dein Körper, das
heißt, reinigt sich die Seele und der physische
Leib. Und auf diese Weise kannst du gesunden.
Das ist der aktive Glaube.

Durch den aktiven Glauben schöpfst du
mehr und mehr Hoffnung. Du baust auf Gott
und sprichst sinngemäß: „Mein Herr und mein
Gott, danke, daß ich täglich mein Sündhaftes
erkennen und bereinigen kann. Danke, daß
sich meine Seele klärt und mein Leib gesundet.
Danke, daß meine Gedanken lichter werden,
daß meine Worte und Handlungen selbstloser
werden. Danke, daß ich Dir, der großen Liebe,
näherkomme, die in mir wohnt." Dann wirst
du auch sagen: „O Herr, nicht mein, sondern
Dein Wille geschieht." Und du weißt, daß Gott
dir beisteht, jeden Augenblick. Das ist die rechte Hoffnung, das Bauen auf Gott, das Sich-
Ihm-Anvertrauen.

Aus dem aktiven Glauben, der rechten Hoffnung, erwächst die Gottes- und Nächstenliebe.
Du wirst dir selbst sagen: Wahrlich, das Haupt-

gebot ist mein Leben: Liebe Gott von ganzem
Herzen, aus deiner ganzen Seele, mit all deinen Kräften. – Und liebe auch deinen Nächsten, denn dein Nächster ist ein Teil deines
wahren Lebens, weil auch im Nächsten Gott
ist. Und du wirst deinen Nächsten so lieben,
wie du die Gebote des Lebens liebst, wie du
dich selbst liebst, weil du Gott liebst, als Kind
der Liebe.

O erkennet, wäre der passive Glaube der
wahre Glaube, dann hätte Gott, der Ewige,
durch Mose den Menschen nicht die Zehn Gebote gegeben, und Ich als Jesus hätte euch nicht
die Bergpredigt gebracht, Gebote hin zum Inneren Leben, zum absoluten, zum ewigen Gesetz.
Dann hätte Ich schon als Jesus gesprochen:
Glaube nur – der Glaube genügt.

Doch Ich sprach vom rechten Tun. Tue also –
das heißt: Erfülle Schritt für Schritt die Gesetzmäßigkeiten des Lebens, und du findest dich
in dir selbst als das Wesen des Selbst, als das
Kind Gottes.

O erkennet und erfasset in euren Herzen:
Würde der passive Glaube genügen, wozu be-

darf es dann der äußeren sogenannten Gotteshäuser, der Kulte, der Riten und der Zeremonien? Wollt ihr damit Gott gewinnen, daß Er das tut, was i h r wollt?

Wahrlich, wahrlich, Ich sage euch: Es bedarf weder Zeremonien noch Riten, weder Glaubenssätzen noch Dogmen. Es bedarf auch nicht der äußeren Gotteshäuser. Es bedarf der Reinigung eures Tempels aus Fleisch und Bein, auf daß ihr euren Erlöser findet, der Ich Bin, und so wieder zu bewußten Kindern Gottes werdet, zu Söhnen und Töchtern der Liebe, die das Gesetz der Liebe erfüllen. Das ist der Weg, und dazu bedarf es einzig des aktiven Glaubens.

Und der aktive Glaube in jedem einzelnen von euch wird d a n n wirksam, wenn ihr die Tage nützt, denn jeder Tag zeigt jedem auf, was er an Sündhaftem in seine Seele eingegeben hat. Und jeden Tag wird jedem nur so viel an Sündhaftem bewußt, was er an diesem Tag bewältigen könnte. Und so ihr dies tut, werdet ihr bewußte Menschen, die Schritt für Schritt die Gesetze Gottes erfüllen, die sich

170

nach den Zehn Geboten und der Bergpredigt ausrichten und so den Tempel aus Fleisch und Bein reinigen, auch die Seele reinigen, und nach innen gehen zum Allerheiligsten. Wer diesen einfachen und schlichten Weg geht, der ist Mein Schaf, und Mein Schaf kennt Meine Stimme, weil es die Gebote erfüllt.

Viele von euch sind zum Göttlichen Prophetischen Heilen gekommen. Viele von euch sprechen: „Herr und Gott, löse die Fesseln der Krankheit, auf daß ich gesund werde!" O erkennet, ihr Menschen dieser Erde, auf Golgatha habe Ich euch an Kindes Statt angenommen, um euch zum ewigen Vater zu führen. Deshalb spreche Ich auch zu euch als „Meine Kinder".

Mein Kind, löse mit Meiner Hilfe die Fesseln der Sünde, die dir die Krankheit, die Not, das Leid, den Kummer und die Sorgen gebracht haben! Löse also die Fesseln der Sünde in dir, und gehe den schlichten Weg, den Ich dir gelehrt habe: Erkenne dein Sündhaftes. Bereue dieses von ganzem Herzen. Bitte um Vergebung. Vergib auch deinem Nächsten. Mache gut, was noch gutzumachen ist, und sünde nicht mehr. Anstelle der Sünde erfülle Schritt für Schritt Gebote des Lebens. Das ist die Lehre und das Leben, und diese Lehre, so sie getan wird, führt in das Innerste, in das Allerheiligste, zu Gott. Und diese Lehre, so sie erfüllt wird, bringt dir, o Menschenkind, Kraft, Freude, inneres Glück, die Gesundheit der Seele und die Gesundheit deines Leibes, so dies gut ist für die Seele. Auf diese Weise bahnst du den Weg für Gott, so daß Er in dein Herz einziehen kann und dich jeden Tag mehr zu führen vermag.

Göttliches Prophetisches Heilen heißt also: Gehe den Weg der Bereinigung deiner Sünden. Ich, Christus in dir, helfe dir dabei. Du löst dich von deinem Sündhaften. Ich wandle das Sündhafte in deiner Seele um. Licht und Kraft strahlen in deinen physischen Leib. Licht und Kraft wirken in deinem Oberbewußtsein. Du denkst mehr und mehr positiv, weil du im aktiven Glauben stehst, in der täglichen Bereinigung deines Sündhaften. Diese positiven

Kräfte, die dann von dir ausgehen, gehen auch in deine Seele und auch in deinen Körper ein.

Und so befiehlst du deinem Körper, er ist gesund; er ist kraftvoll. Ja, du selbst befiehlst dann deinem Körper: Steh auf, und wandle! Geh ein ins Licht!

Wenn also die Seele lichter wird durch den Weg der Bereinigung des Sündhaften, dann wirkt das Licht auch im Menschen, und der Mensch denkt um. Er denkt göttlich, positiv also. Er empfindet und fühlt auch positiv; so spricht und handelt er. Das sind die Kräfte der Liebe. Das sind Gotteskräfte. So, o Menschenkind, fühlst du deinen Herrn und Gott und deinen Erlöser in dir, denn du merkst, wie der Geist Gottes in und an dir wirkt. Dir geht es von Stunde zu Stunde, von Tag zu Tag besser, weil du göttlicher wirst. Das ist der Weg ins Leben, und dieser Weg ist einfach.

Was du willst, daß dir dein Nächster tut, das tue du ihm zuerst. Anders gesprochen: Was du nicht willst, daß man dir tu', das füge auch deinem Nächsten nicht zu. – Das ist wieder die Lehre und der Weg in das Reich des Inneren, der Weg zur Befreiung von Sünde, Krankheit, Not, Siechtum, Hunger und Leid.

O erkennet und erfasset in euren Herzen: Schlicht und einfach lautet der Weg: Erkenne deine Sünden. Bereue sie von ganzem Herzen. Bereinige sie aus Liebe zu Gott und zu deinem Nächsten, und tue sie nicht mehr. Erfülle aus Liebe zu Gott und zu deinem Nächsten Schritt für Schritt die Gebote des Lebens. – Das ist der Weg, und so findet ihr zum Hauptgebot.

Meine Kinder in aller Welt, jetzt ist die Stunde, in dieser ihr Mich durch Prophetenmund vernehmt. Sehet diese Stunde als verstärkte Gnadenstunde, und erlebt Mich in eurer Seele und auch in eurem Oberbewußtsein, denn Ich berühre nun Sündhaftes in euren Seelen – das, was ihr jetzt erkennen und bereinigen könnt. Es steigt zu eurem Oberbewußtsein; es wird euch also bewußt. Ihr seht es in Bildern, ihr erlebt euch in Gedanken. Ihr seht euch selbst in den Situationen und wißt sofort, was ihr bei euch selbst und an euch selbst bereinigen sollt. Und so ihr in den Kreislauf der Bereinigung eingehen wollt, bittet Mich, euren Erlöser in euch, um die Kraft zur Reue, und ihr empfangt die Kraft zur Reue. Ihr bereut von Herzen. Ihr bittet um Vergebung für eure Sünden, also für d i e Sünden, die ihr erkannt habt. Ihr vergebt auch eurem Nächsten, der sich an euch versündigt hat, und ihr werdet euch nun Gesetzmäßigkeiten des Lebens vorgeben, gleichsam in eure Gehirnzellen eingeben. Und diese positiven, göttlichen Eingaben sind dann die Befehle an euren Körper.

Meine Kinder, einerlei, wo ihr euch auch befindet, denkt daran: Die innere Haltung ist auch die äußere Haltung des Menschen. Wer also an Mich glaubt, der nimmt innere und äußere Haltung an. Seid ihr unterwegs, zu Fuß oder mit euren Fahrzeugen, sucht einen Platz, um an-, gleich innezuhalten, und versenkt euch in die unendliche Liebe, die in euch wohnt. Denn jeder einzelne von euch ist der Tempel Gottes. In jedem wohnt die große Liebe, die Güte und Barmherzigkeit.

O erkennet: Über euren Häuptern entsteht die Feuerzunge, der Heilige Geist. Es sind symbolisch die Hände des Jesus von Nazareth.

Fühlt, wie das Licht euren Köper durchflutet.

Fühlt, wie die Urkraft jede Zelle eures Leibes durchglüht.

Fühlt, wie ihr ruhiger und besonnener werdet.

Fühlt, wie euer Atem ruhig und tief geht.

Fühlt, was es heißt, Gottes Liebe zu verspüren, Gottes Gegenwart.

Versenkt euch in das Innere Licht, und wisset: Das Licht in euch ist die Liebe Gottes. Gott liebt euch. Diese Liebe umfängt euch. Diese Liebe atmet durch euch. Diese Liebe ist das ewige Leben.

Christus in euch berührt nun Aspekte eures Sündhaften. Sie steigen in das Oberbewußtsein. Sie kommen in Bildern an, denn euer irdisches Leben ist das Leben in Bildern.

Erkennt euch in euren Bildern. Erkennt euer Sündhaftes in den Situationen, in den Gesprächen, in den Handlungen.

Wollt ihr eure Sünden bereinigen, und wollt ihr wahrhaft auch euren Nächsten vergeben, so bittet inniglich um Reue, und ihr empfanget die Kraft zur Reue. Empfanget also die Kraft zur Reue. Bereut von ganzem Herzen.

Und nun gehet ein in den Kreislauf der Bereinigung. Bittet um Vergebung. Vergebt. Und was noch gutzumachen ist – tuet dies nach Meiner Strahlung.

Und nun gedenkt einiger Gesetzmäßigkeiten des Lebens. Diese Gesetzmäßigkeiten gebt ihr euch vor, gleichsam in eure Gehirnzellen ein. Sie sind die Befehle für den Körper. Ihr befindet euch im Kreislauf der Bereinigung.

In eurer Seele wandle Ich das Sündhafte um in Licht und Kraft.

Licht und Kraft strahlen auch in euren physischen Leib.

Licht und Kraft bereiten den Körper für die entsprechende Heilung vor, so ihr heil werden wollt und ihr selbst die Impulse setzet zur Heilung des Körpers.

Abermals berühre Ich Sündhaftes in eurer Seele.

Sündhafte Aspekte steigen in euer Oberbewußtsein. Bilder kommen. Gedanken regen sich. Betrachtet euch selbst in euren Bildern. Kontrolliert selbst eure Gedanken.

Und so ihr wollt, gehet ein in den Kreislauf der Bereinigung. Ich gebe euch die Kraft zur Reue.

Wer sich im Kreislauf der Bereinigung befindet und die erkannten Sünden nicht mehr tut und dafür Schritt für Schritt Gesetzmäßigkeiten, also Gebote Gottes, erfüllt, der erfährt Mein Wirken in seiner Seele.

Ich wandle Sündhaftes in Licht und Kraft um.

Licht und Kraft strahlen in deinen Körper.

Licht und Kraft bereiten deinen Körper für die Selbstheilung vor.

Und nun, Mein Kind, gibst du den Impuls zur Selbstheilung: „Ich bin gesund." So sprich in deinen Körper und denke in deinen Körper hinein:

„Ich bin gesund. Kranke Zellen gehen zur Ausscheidung, gesunde Zellen bauen sich auf. Der Blutstrom reinigt sich. Alle Bausteine meines Leibes säubern sich."

So sprich und denke in dich hinein. Gib also den Befehl zur Selbstheilung deines Körpers.

Wieder berühre Ich Sündhaftes in eurer Seele.

Wieder steigt Sündhaftes empor. Und wieder seht ihr euch in Bildern. Wieder wißt ihr, was euer Anteil an unschönen Gesprächen, an unschönen Situationen, an gesetzwidrigen Handlungen ist. Euren Anteil, eure Sünde – diese bereut, bereinigt, und tut sie nicht mehr. Und so ihr in den Kreislauf der Bereinigung eingeht, werdet ihr auch die Kraft verspüren, die euch zur Reue führt.

Bereut, und bereinigt. Was ihr also bereinigt und nicht mehr tut, das löst sich in euren Seelen. Euer Erlöser in euch wandelt das Sündhafte um in Licht und Kraft. Licht und Kraft gehen ein in euren Körper. Licht und Kraft bereiten den Körper zur Selbstheilung vor.

Und nun euer Befehl aus eurem gereinigten Oberbewußtsein. Seid ihr im Bett liegend – warum? Die Sünde hat dich niedergelegt; die Sünde zeichnet deinen Leib. Doch jetzt aktiviere mehr und mehr die Selbstheilungskräfte mit Meiner Kraft, und befiehl deinem Körper: „Steh auf! Nimm dein Bett, und wandle. Geh ein ins Licht! – Steh auf! Nimm dein Bett, und wandle. Geh ein ins Licht!"

Glaube, hoffe und liebe – und du stehst auf und gehst ein in das Licht. Siehe, das ist aktiver Glaube. Das ist die rechte Hoffnung. Und das ist die Liebe, die alles vermag: Gott in euch.

Wieder berühre Ich Sündhaftes in euren Seelen. Wieder steigen Aspekte von Sünden in das Oberbewußtsein. Und so ihr wollt, empfanget die Kraft zur Reue, und gehet ein in den Kreislauf der Bereinigung. So ihr diese erkannten Sünden nicht mehr tut, sind sie in euren Seelen umgewandelt.

Immer mehr Licht und Kraft strömen in euren Körper. Das Oberbewußtsein hat nun

180

die positiven Kräfte und bestimmt den gesamten Körper.

Gib du, o Mensch, nun den Befehl an deinen physischen Leib, und aktiviere so die Selbstheilungskräfte. Steh auf! Steh auf! Wenn du dich durch die Sünde an einen sogenannten Rollstuhl hast fesseln lassen – steh auf. Entwickle die Kraft in dir, und befiehl deinem Körper: „Steh auf, und geh ein ins Licht." Denn dein Glaube, der aktive Glaube, hat dir geholfen. Gehe hin, und sündige fortan nicht mehr.

Tue es also, was dir dein Herr und Gott befohlen hat. Erfülle Schritt für Schritt die Zehn Gebote und die Bergpredigt, und du lebst in Gottes Liebe und gibst aus Gottes Liebe. Deine Seele klärt sich, und dein Leib gesundet. Steh also auf, und wandle.

So du dich an sogenannte Krücken gebunden hast, das sind die Bande der Sünde. Doch siehe, die unendliche Gnade und Liebe ist bei dir.

Höre den Ruf des Christus Gottes in dir. Bleibe im aktiven Glauben, und fühle, daß Ich nun deine Seele berühre.

Fühle, daß Sündhaftes emporsteigt. Nimm Meine Kraft zur Reue. Bereinige die Sünden, die du erkannt hast. Tue sie nicht mehr. Und nimm dir Gesetzmäßigkeiten des Lebens vor. Dein Impulsgeber, das Gehirn, füllt sich mit positiven Energien. Und nun gib deinem Körper den Impuls: „Laß alles zurück, laß alles zurück! Geh ein ins Licht. Laß alles zurück. Gehe ein ins Licht!"

Wahrlich, dein Glaube hat dir geholfen. Gehe hin, und sündige fortan nicht mehr. Das heißt: Nütze die Tage. Bereinige deine Sünden. T u e also, und du wandelst im Lichte der Liebe und fühlst die Liebe Gottes. Das ist der Weg ins Leben, und es gibt keinen anderen Weg. Und so du an deinen Sinnen erkrankt bist, wisse: Das sind die Fesseln der Sünde.

Mein Kind, Mein geliebtes Kind, siehe, Ich berühre nun deine Seele. Aspekte von Sündhaftem steigen empor, und du erlebst dich in der Sünde. Und so du bereuen und bereinigen möchtest, gehe ein in den Kreislauf der Bereinigung. Du hast Meine Kraft. Bereinige, o Kind! Und nun gib dir Gesetzmäßigkeiten des Lebens vor. Und so du danach suchst, entnimm sie den Zehn Geboten und der Bergpredigt. Danach lebe! Und diese Impulse sind Gottesimpulse. Du gibst sie deinen Sinnen, dem Sehsinn, dem Gehörsinn, dem Geruchs-, Geschmacks- und Tastsinn. Befiehl den Sinnen! Aktiviere so die Selbstheilungskräfte. Und wisse: Der Helfer ist in und bei dir – Christus.

O Menschenkind, so du Sorgen und Nöte hast, so du dich Tag für Tag, Woche um Woche mit denselben Problemen beschäftigst, siehe: Du baust weiter an deinem Sündhaften. Erkenne d e i n e n Anteil in den Problemen, in den Situationen, in den Nöten, im Schicksal – deinen Anteil, dein Sündhaftes. Das bereue und bereinige, und tue es nicht mehr, und du erlebst die Gnade Gottes, die hilft, die dir den Weg weist, heraus aus der Not, heraus aus dem Schicksal, aus den Problemen und Sorgen.

Glaube! Doch sage nicht: „Ich glaube, und Jesus, der Christus, wird schon alles machen." Bleibe im aktiven Glauben, und du hörst den

Ruf des Jesus: Dein Glaube hat dir geholfen; gehe hin, und sündige fortan nicht mehr. – Das heißt also: Bleibe im aktiven Glauben. Baue auf Gott, deinen Herrn. Bereinige dein Sündhaftes, und tue dies nicht mehr. Auf diese Weise gehst du ein in das Leben und trittst dein göttliches Erbe an, das das Glück des Inneren ist, der Friede, die Freude. Du wirst aus dem göttlichen Erbe alles empfangen, was du auch als Mensch benötigst, und vielfach darüber hinaus, weil Gott die Fülle ist und dir gibt. Bereite Ihm die Wege in dein Herz, und du empfängst. Jeden Tag, jeden Augenblick, o Menschenkind. Nimm dir das fest vor, und du erlebst, was Gottes Liebe ist.

Durch den aktiven Glauben baust du die Hoffnung, die Zuversicht auf und gehst den Weg nach Innen. Du reinigst deinen Tempel. Dieser richtet sich auf, weil er mehr und mehr im Lichte Gottes steht. Das ist der Weg. Und so fühlst du auch, daß Gott Liebe ist, und diese Liebe ist dein Erbe, das wahre Sein, die Gottes- und Nächstenliebe. Gehe ein in das heilige Gesetz der Liebe, und dir wird an nichts mangeln.

In dieser Stunde, o Menschenkind, hast du Mein Wort durch Prophetenmund vernommen. Du hast das Göttliche Prophetische Heilen erspürt und erlebt.

Siehe, was durch das Wort kam, gilt jeden Tag, jeden Augenblick, in jeder Situation, in Krankheit, Leid, Not, Siechtum, in Hunger, im Schicksal, in all dem, was den Menschen trifft. Erkenne deine Sünden. Bereue sie mit Meiner Kraft. Bereinige dein Sündhaftes mit Meiner Kraft. Bitte um Vergebung. Vergib auch deinem Nächsten. Mache gut, was gutzumachen ist, und erfülle Schritt für Schritt die Gebote der Liebe. Das ist der Weg zum Hauptgebot:

Liebe Gott von ganzem Herzen, mit all deinen Kräften, von der ganzen Seele, und deinen Nächsten wie dich selbst. – Das ist das Leben. Und dazu bedarf es keiner kirchlichen Obrigkeiten. Es bedarf der Zehn Gebote und der Bergpredigt. Es bedarf der rechten Anwendung. Es bedarf des rechten Weges nach Innen, um wieder eins zu werden mit Gott, deinem Vater, durch die Erlöserkraft, die Ich in dir Bin.

Mein Kind, jetzt schweige Ich durch Prophetenmund. Doch Ich bleibe im Vater der redende Gott in dir. Ich rede zu dir jeden Augenblick durch jede Situation. Ich rede durch deine Krankheit, durch dein Leid. Ich poche immer an dein Herz, der Christus Gottes, einst der Jesus von Nazareth.

Mein Kind, wahrlich komme – komme jeden Augenblick zu Mir. Bitte, und es wird dir gegeben. Klopfe an, und es wird dir aufgetan. Das rechte Suchen läßt dich auch die Wahrheit finden, und die Wahrheit ist der Schlüssel zum Leben; denn die Wahrheit ist Christus, und Christus ist das Leben in Gott, eurem und Meinem Vater. Christus in dir – also die Wahrheit in dir, der Weg in dir, das Leben in dir.

O kommet alle her zu Mir, die ihr mühselig und beladen seid! Kommet alle her zu Mir, die ihr wahrlich im aktiven Glauben steht. Fühlt – fühlt in eurem Herzen: Ich erquicke euch. So werdet ihr Mich verstehen und Meine Schafe sein. Meine Schafe kennen Meine Stimme.

Gottes Friede strahlt durch den Sohn in diese Welt.

Gottes Friede strahlt zu allen Menschen, zu allen Seelen in den Stätten der Reinigung.

Gottes Friede strahlt zu den Naturreichen. Jedes Tierlein, jedes Pflänzlein, jeder Stein ist durchglüht von Gottes Friede und Liebe.

Friede und Liebe, Meine Kinder.

Friede und Liebe senken sich in eure Herzen.

Friede und Liebe begleiten euch.

Wo ihr euch befindet – Ich Bin bei euch.

Wisset: Jeder von euch ist der Tempel Gottes. Kehre ein, und wisse: Ich wohne in dir. Kehre ein, und erfülle, und du einst dich mit Mir. Und bist du geeint mit Mir, dann bist du mit dem Vater geeint. Das ist der Weg ins Leben, und es gibt keinen anderen Weg.

Friede und Liebe geleiten euch.

Friede und Liebe sind bei euch.

Meine Kinder, Meine Brüder und Schwestern aus den Himmeln, kommet heim! Kommet heim auf dem Weg des Friedens und der Liebe.

Kommet heim. Ich, Christus, euer Bruder und Erlöser, nehme euch an eure Hand. Kommet heim!

Gehet in euer Inneres. Dort ist die Heimat. Kehret ein. Kommet heim, und ihr seid bewußt bei Mir.

Friede und Liebe geleiten euch.

Friede.

Kommet alle zu Mir her, zu eurem Hirten. Ich möchte euch auf grüne Auen führen

Offenbarung von Christus, 1995

Ich Bin der Ich Bin, der himmlische Friede, das ewige Gesetz der Liebe, Christus, der Erlöser aller Seelen und Menschen, der Sohn Gottes.

Ihr Menschen in allen Völkern dieser Erde, öffnet eure Herzen, auf daß ihr den Sinn des Prophetischen Wortes verstehen könnt, denn Ich spreche durch Meine Prophetin. Ich selbst, Christus, habe nicht die Stimme und das Wort der Menschen; deshalb nahm Ich Mir ein Instrument, um zu euch zu sprechen in der Sprache der Menschen. Deshalb öffnet eure Herzen, und erfasset den Sinn des Prophetischen Wortes, auf daß ihr den Kern des Wortes findet, der Ich Bin – der Weg, die Wahrheit und das Leben, das Gesetz des ewigen Friedens und der ewigen Liebe. Seid also bereit, den Sinn zu erfassen, auf daß ihr Mich, den Kern, findet, Christus in jedem von euch.

O erkennet und erfahret es in euren Herzen: Ich führe euch zu keinem Menschen. Ich führe euch auch nicht zu Meinem Instrument, zu Meiner Prophetin – Ich führe euch in euer Inneres, zu Mir, dem Christus Gottes, zum Kern eurer Seele, zum Leben, das Ich Bin. Ich Bin das Leben. Ich Bin die Wahrheit. Wer ein Wahrheitssuchender ist, der wird Mich finden, denn er wandert einwärts zum Leben, das Ich in jedem von euch Bin. Denn jeder einzelne Mensch ist der Tempel des Heiligen Geistes. Der Geist der Wahrheit ist in jedem. Wer aufrichtig sucht, der wird finden – nicht da und dort, sondern in sich selbst.

O erkennet und erfasset in euren Herzen: Viele von euch suchten immer wieder Prediger auf, einerlei, welche Titel und Würden sie sich gaben. In der Zwischenzeit haben viele Menschen erkannt, daß viele Prediger nur Schalen predigten und nicht den Kern; daß viele Prediger nur Steine predigten und nicht das Brot des Lebens brachten; daß viele Prediger nur Spreu brachten und predigten, jedoch nicht den Weizen, die Saat des Lebens, den Frieden und die Liebe im Herzen der Menschen. Sie entschlüsselten nicht die Gebote Gottes und die Bergpredigt für ihre Gläubigen. Sie redeten nur, und es waren nur Schalen und sind nur Schalen. Ja, sie haben ihre Gläubigen aus ihren Kirchen aus Stein hinausgepredigt, und so sind die Schafe Suchende in der Wüste Welt, zerstreut, die nicht wissen, wo ihr Hirte ist.

O sehet, deshalb rufe Ich, Christus, erneut in diese Welt, und Mein Wort geht um die Erde. Ich rufe in eure Herzen hinein: Erfaßt den Kern, denn Ich bringe euch das Brot des Lebens und den Weizen für eure Seelen. Werdet gerecht, indem ihr Tag für Tag nach den Zehn Geboten und der Bergpredigt fragt, indem ihr dann auch Schritt für Schritt die Gebote und die Bergpredigt erfüllt, denn dann werdet ihr auch erfüllt werden vom Geist des

Lebens, und ihr werdet nicht nur Schalen in die Welt streuen, sondern den Kern des Lebens offenbaren: Christus, der Ich in jedem von euch Bin. Ihr werdet Weizen säen, weil der Weizen, die gute Saat des Lebens, in euren Seelen aufgegangen ist und ihr Früchte bringt und wieder den Samen Weizen.

O erkennet und erfasset in euren Herzen: Das Leben ist Gott, und Gott ist Liebe. Würden die Christen christlich sein, dann würden sie eine Herde bilden und dem einen Hirten folgen, Christus, der in jedem Schaf zu finden ist. „Folget Mir nach", sprach Ich als Jesus von Nazareth. Das heißt: Haltet die Gebote, die Gott durch Mose gab. Verwirklicht mehr und mehr die Bergpredigt. Dann erlangt ihr den Frieden in euren Seelen und erschließt euer göttliches Erbe, die unendliche Liebe, das Gesetz, das Leben ist.

Wo sind die Christen, die wahrhaft christlich sind? Sie sind zerstreut und wissen nicht, was christlich ist, obwohl sie sich Christen nennen. Ihr Christen, Ich frage euch: Habt ihr das Evangelium des Friedens und der Liebe in diese Welt getragen? Oder habt ihr euch an eure sogenannten Prediger gebunden, die vielfach das Schwert nahmen, um ihre Nächsten zu christianisieren? Wisset ihr nicht, was Freiheit bedeutet? Lasse dem Menschen seine Freiheit; doch du, wenn du an Christus glaubst, sei christlich und ein gutes Vorbild, auf daß dein Nächster auch christlich wird. Das ist die Verbreitung des Evangeliums der Liebe, und es sind nicht die Schalen, die eure Prediger gepredigt haben, so daß die meisten Christen verworren sind und nicht wissen, was christlich heißt.

Christen reden vom Frieden – und halten den Frieden mit ihren Nächsten nicht. Christen reden, daß da und dort Krieg ist, doch sie selbst wissen nicht, daß auch in den sogenannten friedlichen Ländern schon der neue Krieg aufgebaut wird. Denn wenn Bruder gegen den Bruder, Bruder gegen die Schwester, Schwester gegen die Schwester, Schwester gegen den Bru-

193

der ist, dann dann baut sich in diesem Land
ein neuer Krieg auf, aus den Zerwürfnissen
heraus, die in der Atmosphäre eines Volkes stehen.

Christen produzieren Waffen. Christen haben Soldaten – doch wo sind die Soldaten des
wahren Friedens? Mit Waffen werden sie an
die sogenannten Fronten gesandt, doch die
Christen innerhalb des Volkes sprechen: „Da
und dort ist Frieden." Wer Waffen produziert,
der schafft Unfrieden, und letzten Endes trägt
er zum Krieg im eigenen Land bei. Wer den
Krieg befürwortet, trägt zum Krieg im eigenen
Land bei.

O ihr Menschen dieser Erde, wann werdet
ihr begreifen, daß es nur einen Retter gibt,
und das ist der Christus Gottes in euch, der
Sein Wort durch Prophetenmund erhebt, auf
daß ihr endlich begreift: Eure Prediger können
euch nicht den Frieden bringen, denn viele
tragen selbst den Frieden nicht in sich.

O ihr Menschen dieser Erde, blickt in die
Naturreiche – Unfriede. Unfriede unter den

Tieren. Die Erde ist am Bersten, die Natur vergiftet, so, wie die Herzen der Menschen vergiftet sind. Warum? Weil sie sich an Prediger geklammert haben, anstatt an das lebendige Wort Gottes, an die Zehn Gebote und an die Bergpredigt, an das Wort des Heils, das Friede ist.

O erkennet und erfasset in euren Herzen: Solange ihr euch untereinander nicht vergebt, wird nicht Friede sein. Ihr sprecht von langen Zeiten, wo Gott den Kain fragte: „Wo ist dein Bruder Abel?" Und Kain sagte: „Ich weiß es nicht." Was sagt ihr heute? „Ich weiß nicht, wo mein Bruder ist. Vielleicht ist ein Mensch im Krieg, doch ich kenne ihn nicht." Ist das das Gebot, das Ich den Christen gebracht habe als Jesus von Nazareth?

Liebet eure Feinde. Tuet Gutes denen, die euch hassen. Schafft Frieden untereinander, und haltet die Gebote, auf daß in allen Völkern der Friede einziehen kann. Doch wo sind die Vorbilder? Sind das eure Prediger, die die Waffen segnen, weil sie selbst die Waffen in sich tragen, die negativen, haßerfüllten Gedanken? Nur der Schein ist das Wort, die Schale, doch sie selbst haben nicht zum Kern des Lebens gefunden. Wie könnt ihr zum Kern des Lebens finden, wenn ihr euch an eure Prediger bindet, die eure Kirchen aus Stein leergepredigt haben, und ihr nun zerstreute Schafe seid?

O saget nicht: „Sie sind schuld." – Ich sage euch: Gott hat auch jedem von euch ein Herz gegeben und einen Verstand, auf daß Herz und Verstand eins werde und ihr erfaßt, was Leben im Geiste Gottes bedeutet: Friede, unendlicher Friede. Friede mit dem Nächsten, denn dein Nächster ist dein Bruder, deine Schwester, weil ihr alle Kinder eines Vaters seid. Ist euch dies noch nicht bewußt geworden?

Viele fragen: „Was ist jetzt noch zu tun?" Erwachet! Erwachet, jeder einzelne, und erkennt: I h r seid der Tempel Gottes. Christus ist in euch. Beginnt im Kleinen. Jeder einzelne ist wertvoll. Beginnt, euren Nächsten im Geiste der Liebe zu lieben. Gehet den Weg, indem ihr Reue zeigt über eure Sünden. Bittet euren

Nächsten um Vergebung, und vergebt dem, der sich an euch versündigt hat, und tuet diese Sünde nicht mehr. Das heißt: Vergebt einander, auf daß Friede wird und Friede bleibt. Ein einfacher Schlüssel, eine einfache Lösung, um den Frieden herbeizuführen! – Höre nicht auf deine Prediger, gleich, welche Würden und Titel sie tragen. Denke daran: Ich führe dich zu keinem Menschen, auch nicht zu Meinem Instrument. Ich führe dich in dein Inneres.

Der Weg zu Mir ist dir geebnet durch Meine Erlösertat. Nütze die Tage, jede Stunde, und erkenne: Was dich erregt, das bist du selbst. Was dich an deinem Nächsten erregt, ja was dich ärgert, das bist du selbst. Höre auf deine Gefühle. Die Seele pocht an dein Herz. Höre auf deine Empfindungen und auf deine Gedanken, und du weißt, was du jetzt, ja was du heute bereinigen sollst. Dann gehe ein in den Kreislauf der Bereinigung, den Ich schon vielfach beschrieben habe. Bereue deine erkannten Sünden. Bitte um Vergebung, vergib, und tue diese deine erkannten Sünden nicht mehr.

Nimm dir die Zehn Gebote und die Bergpredigt vor. Worauf dein Blick fällt, das erfülle; das nimm auf in deine Gehirnzellen. Und so du danach lebst, strahlt das Gebot des Lebens in deinen Körper hinein. So entschlackst und entgiftest du deinen Leib und gleichzeitig deine Seele.

Es ist ein einfacher Schlüssel zum Frieden. Doch wer diesen Schlüssel nur ins Schloß steckt und nicht umdreht, für den öffnet sich auch nicht die Pforte zum Leben, und er wird es weiter so halten, wie es viele eurer Prediger hielten: Sie reden von Christus. Sie predigen aus ihren Bibeln. Doch ihre Worte bleiben Schalen, weil sie zum Kern, zum Leben, nicht gefunden haben. Ihr aber, die ihr erwacht seid, wisset: Der Kern ist in jedem von euch. Gehet den Weg, den Ich euch bereitet habe durch die Erlösertat, und ihr entgiftet eure Seelen und auch eure Körper. Euer geistiges Bewußtsein erweitert sich, denn die Wolken der Sünde ziehen hinweg, das heißt, Ich wandle sie um in Licht und Kraft, und ihr werdet auch dann erleben, was es heißt, mit dem großen allumfassenden Schöpfungsleben eins zu sein, mit den Naturreichen. Und so jeder einzelne ganz allmählich den Frieden und die Liebe der Himmel in sich selbst aufbaut und ausstrahlt, wird auch in der Natur Friede sein. Die Tiere werden zu euch finden und mit euch Frieden halten. Die Blumen werden erblühen; die Sträucher werden die Kräfte sammeln und euch erfreuen. Die Bäume werden gesunden. Gesunde Saat geht auf, und ein gesundes Land, eine gesunde Erde wird erstehen – jedoch nicht durch das Reden über das Wort des Lebens, sondern durch das Tun.

O erkennet, ihr wurdet fehlgeleitet. Der Glaube allein genügt nicht. Gläubig zu sein heißt, im Geiste der Liebe t ä t i g zu sein. Doch das erfüllt sich nur dann, wenn ihr mit euch selbst und auch mit eurem Nächsten in das Reine findet, das Ich Bin, Christus, in jedem von euch.

O sehet und erfasset in euren Herzen: Deshalb habe Ich Mir erneut ein Instrument ge-

nommen, um zu Meinen Schafen zu sprechen,
denn sie wissen nicht, was christlich heißt.
Sie haben den Weg in das Leben zugemauert
mit dem Ego, dem sündhaften Ich; zugemauert
mit Rache, Feindschaft und dergleichen. Baut
diese Mauer ab – Ich helfe euch, Stein für
Stein. Erkennt euer Sündhaftes. Bereinigt
dieses, und tut diese Sünden nicht mehr, und
ihr erlebt Mich, Christus, in jedem von euch.
Das ist der Weg ins Leben.

Der Glaube allein genügt nicht. Blickt in
eure Welt. Viele glauben, doch sie tun nicht,
was der Glaube besagt. Sie sind also keine
Gläubigen, sondern Nachahmer. Der Gläubige
geht in sein Inneres und erfüllt. Er ist der
christliche Mensch, der sein Leben Christus
geweiht hat und auch seinem Nächsten, der
ihm Bruder, Schwester, ja Freund ist.

Viele kamen in dieser Offenbarungsstunde
zum Göttlichen Prophetischen Heilen. Ich
frage sie: Wo ist dein Bruder Abel? Bist du
der Kain? – Du wirst sagen: „Ich habe meinen
Bruder nicht ermordet." Doch Ich frage dich:

Wie sind deine Gedanken? Hast du mit deinen kriegerischen Gedanken dazu beigetragen, daß da und dort Morde verübt werden? Denn kriegerische Gedanken sammeln sich wie friedvolle Gedanken und wirken auf die Menschen ein, in denen Gleiches und Ähnliches aktiv ist: Krieg, Kampf, Zerstörung, Mord und dergleichen – oder Friede, Freundschaft, Gottes- und Nächstenliebe.

Deshalb die Frage an euch alle: Wo ist euer Bruder? Wo ist eure Schwester? Sind sie wahrlich in eurem Herzen? Habt ihr Frieden mit eurem Nächsten geschlossen, und haltet ihr den Frieden, dann haltet ihr auch die Freundschaft, gleich Bruderschaft, und ihr haltet mehr und mehr die Gebote und erfüllt auch schrittweise die Bergpredigt, die Ich euch als Jesus von Nazareth gebracht habe.

O sehet, negative, zerstörerische Gedanken, Gedanken des Neides, der Feindschaft, der Rache, des Hasses, Gedanken der Aufwertung und der Abwertung des Nächsten, vergiften eure Seelen und vergiften eure Körper. Eine

Ganzheitsheilung kann nur erfolgen, wenn ihr eure Seele entgiftet; denn dann strömt die Macht des Christus in euren Körper, und ihr werdet mit der Macht des Christus auch euren Körper entgiften. Ja, ihr werdet die Kraft des Geistes zu euren Organen lenken, zu euren Sinnen, überallhin, wo ihr glaubt, die Kräfte der Liebe mögen da und dort den Körper aufbauen. Ja, euch ist die Macht des Christus gegeben durch Meine Erlösung, die in euch ist. Doch wenn ihr sie nicht gebraucht – wie kann sie euch beistehen und helfen? Gebrauchen heißt, schrittweise die Gebote Gottes zu erfüllen und auch die Bergpredigt.

O sehet und erkennet: Viele von euch gehen zu einem irdischen Arzt, nehmen die Medikamente. Doch so manches Medikament hilft nicht dem Körper. Warum? Weil ihr eure Seele, aber auch euren Körper nicht entgiftet, gleichsam entschlackt von euren negativen Gefühlen, Empfindungen, Gedanken, Worten und Handlungen. Ihr reduziert vielfach die Schwingungszahl eures Medikamentes, weil ihr eben gegen das Leben fühlt, denkt, sprecht und handelt.

O sehet und erkennet: Deshalb heile Ich ausschließlich eure Seelen. Ich entgifte eure Seelen, wenn ihr dies wollt. Und so Ich eure Seelen entgiften kann, werdet ihr auch euren Körper entgiften, und so ihr Medikamente nehmt, diese gleichsam aufladen mit der Macht des Christus. Denn die Macht des Christus baut sich in der Seele auf, dann, wenn der Mensch in den Kreislauf der Bereinigung eingeht, seine erkannten Sünden nicht mehr tut und Schritt für Schritt die Gebote Gottes erfüllt. Das ist Ganzheitsheilung. Durch diese Ganzheitsheilung werden auch die Medikamente, die ihr aufnehmt, wirksamer, dann, wenn sie gut für euren Körper sind.

O sehet: Geht ihr zu einem irdischen Arzt, dann denkt daran, daß der geistige Arzt, der Christus in euch, auch im irdischen Arzt ist. Und so ihr das anstrebt, was Leben bedeutet, Leben im Geiste Gottes, wird euch euer irdischer Arzt auch die entsprechenden Medikamente geben, um eure Körper vorzubereiten, damit der Christus Gottes mehr und mehr Einzug halten kann. Doch denkt daran: Wer seine Seele nicht entgiftet, der entgiftet auch seinen Körper nicht.

Göttliches Prophetisches Heilen heißt: Ich reinige eure Seelen, so ihr dies wollt. Und wenn ihr bereit seid, in den Kreislauf der Bereinigung einzutreten, immer wieder, jeden Tag aufs neue, dann gewinnt ihr auch Herrschaft über euren Körper durch die Macht des Christus, die dann in euren Gehirnzellen wirksam wird, weil ihr Frieden haltet mit euren Nächsten und somit Schritt für Schritt die Gebote Gottes erfüllt. Das ist christliches Leben. Das ist aktiver Glaube. Das ist Leben in Christus. Das ist d a s Leben.

So gehet mit Mir ein in das Göttliche Prophetische Heilen. Nehmt innere Haltung an, aber auch äußere Haltung. Setzt euch aufrecht hin. Seid ihr unterwegs, zu Fuß oder mit eurem Fahrzeug, sucht euch eine Nische, um anzuhalten, gleich innezuhalten. Versenkt euch in das Bewußtsein: Christus in euch. Christus, der

Kern, das Leben. Christus, das Brot der Himmel für Seele und Leib. Christus, der Weizen der Seele.

Atmet ruhig.
Atmet tiefer.
Bejaht euren Atem, denn in ihm ist der Odem Gottes, das Leben.
Viele drängende und zweifelnde Gedanken nehmen nun Abstand von euch.

Christus in euch!
Christus ist in der Nähe eures Herzens, ein leuchtender Kern, das Leben, die Wahrheit.
Christus ist aber auch der leuchtende Kern in eurer Seele, eins mit dem ewigen Vater, der unbelastbare Wesenskern GOTT.
Wendet euch dem Kern des Lebens zu, Christus in euch.
Fühlt das Licht in eurem Körper. Fühlt, wie es mehr und mehr zu strömen beginnt.
Fühlt, wie sich gleichsam die Seele erhebt, in dem Bewußtsein: Christus regt sich.
Fühlt, wie der Atem tiefer geht!

Fühlt, wie sich der physische Leib strafft durch die Strahlung des Christus Gottes.

Fühlt, wie sich die zerstreuenden Gedanken lösen, gleichsam weichen, weil der Christus Gottes in jedem von euch wirkt.

O erkennet: Ich berühre nun Sündhaftes in euren Seelen – das, was ihr jetzt erkennen, in Bildern sehen und was ihr jetzt begreifen könnt. Gleichzeitig habt ihr die Kraft zur Reue. Und so ihr bereut, also in den Kreislauf der Bereinigung eingeht und diese Sünde nicht mehr tut, füllt ihr das Gefäß der Seele, euren Körper, mit der Macht des Christus. Euch werden immer mehr Gesetzmäßigkeiten des Lebens bewußt, wie z.B.: „Ich halte Frieden mit meinem Nächsten. Ich bejahe die Gottes- und Nächstenliebe in mir." Oder: „Ich rede nicht mehr über Krankheit, sondern über die Gesundheit meiner Seele und meines Leibes." Oder: „Bevor ich spreche, denke ich, warum ich dies oder jenes sagen möchte. Ist mein Wort gefüllt mit dem Leben, oder ist es nur eine Schale?" Viele Fragen, viele Gesetzmäßigkei-

ten werden euch bewußt. Und so ihr willig seid, werdet ihr die Gesetzmäßigkeiten in eure Gehirnzellen aufnehmen, sie mehr und mehr erfüllen. Daraus erwächst die Macht des Christus. Mit dieser Macht, mit der Macht des Christus, wirkt ihr dann auf euren physischen Körper ein. Ihr erweckt die Selbstheilungskräfte und lenkt die Macht des Christus zu euren Organen, zu euren Blutgefäßen, zum gesamten Blutstrom, zu euren Sinnes- und Wahrnehmungsorganen.

O erkennet: Ihr müßt lernen, über eurem Körper zu stehen. Ihr müßt lernen, die Macht des Christus in Anspruch zu nehmen. Ihr müßt lernen, die Macht des Christus in eurem Inneren zu bewegen. Lernt es jetzt, im Göttlichen Prophetischen Heilen, denn Göttliches Prophetisches Heilen ist jeden Tag, jede Stunde und jede Minute.

Mein Kind, Ich berühre Aspekte deines Sündhaften in deiner Seele. Sündhaftes steigt in dein Oberbewußtsein. Erkenne dich in deinen Bildern, denn deine Sünden liegen bildhaft in deiner Seele. Fühle, was dein Anteil ist in dem, was du jetzt wahrnimmst. Und so du möchtest, bitte um Reue, und du empfängst die Kraft zur Reue. Gehe ein in den Kreislauf der Bereinigung, den Ich schon des öfteren beschrieben habe. Bitte um Vergebung. Vergib. Mache draußen gut, was du noch gutmachen kannst, und tue diese Sünde nicht mehr.

Sieh dich in deinen Bildern!
Nimm die Macht des Christus. Bereue. Und bereinige nun in Gedanken.

Jetzt werden dir auch Gesetzmäßigkeiten des Lebens bewußt, wie du dich in Zukunft verhalten wirst. Das gebe in dein Gefäß, den Körper, ein. Die Gehirnzellen nehmen es auf.

Abermals berühre Ich Sündhaftes in deiner Seele. Wieder kommen Gedanken und Bilder. Wenn du möchtest, gehe ein in den Kreislauf der Bereinigung. Was du mit Meiner Kraft bereinigst und nicht mehr tust, wandle Ich in deiner Seele um.

Weizen fällt in deine Seele. Das Brot des Lebens baut sich in deiner Seele auf. Und nun erlebst du wieder Gesetzmäßigkeiten des Lebens. Diese gib ein in deine Gehirnzellen. In deinen Gehirnzellen baut sich nun die Macht des Christus auf.

Fühle deinen Körper. Er ist aufrecht. Fühle – er ist vom Licht des Christus durchstrahlt! Fühle das Prickeln in deinem Leib. Es ist das Leben, das dich aufbaut, das dir die Kraft gibt, deinem Körper zu befehlen.

Abermals berühre Ich Sündhaftes in deiner Seele, Mein Kind. Du erkennst dich selbst. Du fühlst in deinem Herzen die Erregung. Du siehst dich im Bild, und du weißt, was zur Bereinigung ansteht. Wenn du möchtest, gehe ein in den Kreislauf der Bereinigung. Was du mit Meiner Hilfe bereinigst und nicht mehr tust, das wandelt sich in deiner Seele in Licht und Kraft, in Weizen und Brot. Licht und Kraft, gleich Weizen und Brot, strahlen in deinen physischen Leib. Immer mehr baut sich in deinem Körper die Christuskraft auf. Immer mehr spürst du, wie dein Atem ruhiger und tiefer wird. Dein Körper ist durchglüht von der Kraft des Geistes. Doch du baue nun mit Meiner Hilfe mehr und mehr die Kraft des Christus in deinem Leibe auf.

Abermals berühre Ich Sündhaftes in deiner Seele, Mein Kind. Wieder erlebst du dich selbst. Wenn du möchtest, gehe ein in den Kreislauf der Bereinigung.

Mein Kind, siehe: Abermals wandle Ich Sündhaftes in Licht und Kraft um, in Weizen und Brot. Licht und Kraft bauen sich in deinem Körper auf, die Macht des Christus, so, wie du willst. Fühle jetzt deinen Körper. Er strafft sich. Fühle das Prickeln in deinem Blut, an deiner Haut. Es ist die Macht des Christus.

Mein Kind, abermals berühre Ich Sündhaftes in deiner Seele. Wieder erlebst du dich in Bildern und Gedanken. Erkenne dein Sündhaftes. Bereue es von ganzem Herzen, und gehe ein in den Kreislauf der Bereinigung. Bitte um

Vergebung. Vergib auch deinem Nächsten, der sich an dir versündigt hat. Was noch gutzumachen ist, das tue nach Meiner Strahlung. Gib Gesetzmäßigkeiten des Lebens in deinen Körper, in deine Gehirnzellen ein.

Siehe, Mein Kind, die Macht des Christus baut sich in deinem Körper auf. Fühle es! Der Körper ist durchglüht, weil die Seele strahlt. Der Körper spannt sich, denn alle Fasern des Leibes nehmen die Kraft des Christus auf.

Mein Kind, noch einmal berühre Ich deine Seele, also Sündhaftes, das in dein Oberbewußtsein steigt. Erkenne dich. Erfahre dein Sündhaftes. Gehe ein in den Kreislauf der Bereinigung.

So du diese Sünden nicht mehr tust, wandle Ich sie abermals in deiner Seele um. Licht und Kraft, das Brot des Lebens, strahlt in deinen physischen Leib. Die Macht des Christus nimmt in deinem Körper zu. Und nun, Mein Kind, gebrauche jetzt die Macht des Christus. Sage ja zu Christus! Sage ja zu der Erfüllung der Gebote Gottes und der Bergpredigt.

Und nun lenke die Macht des Christus in deinen Körper. Lenke die Macht des Christus zu deinen Sinnen. Lenke die Macht des Christus zu den Organen, die die Kraft und die Liebe, die Macht des Christus, gebrauchen. Lenke d u die Macht des Christus dorthin, wo du möchtest, denn du bist nun der Herr über deinen Körper, mit Meiner Kraft.

Erwecke die Selbstheilungskräfte! Und so mancher von euch fühlt, was es heißt, mit Meiner Kraft Herr über den Körper zu sein. Befiehl deinem Körper: „Du bist gesund!" Rufe hinein in deinen Körper: „Steh auf! Nimm dein Bett, und wandle."

Laß alles zurück, woran du dich gebunden hast, seien es sogenannte Krücken oder ein sogenannter Rollstuhl. Gehe in das Leben ein. Nimm die Macht des Christus! Mit Meiner Macht bist du Herr über deinen Körper. Rufe hinein in deine Sinnesorgane: „Mit der Macht des Christus heile ich dich, o Auge, o Ohr, o Geruch, o Geschmack, o du Tastsinn." Du rufst – d u bist Herr über deinen Körper durch die

Macht des Christus. Rufe hinein in deine Zellen, in deine Organe, in deine Blutgefäße, in Hormone und Drüsen. Du bist der Herr des Körpers durch die Macht des Christus.

Siehe, Ich Bin in deiner Seele. Ich Bin in deinem Körper. Erfülle die Gebote, und du lebst in Mir und bist der Herr über deinen Körper, weil Ich in dir der Herr des Lebens Bin.

Mein Kind, Göttliches Prophetisches Heilen. Übe dich ein. Versuche es nun noch einmal. Ich berühre noch einmal Aspekte deines Sündhaften in deiner Seele. Wieder kommen die Bilder. Wieder kommen Gedanken. Du erkennst, was du bereinigen sollst. Du erlebst dein Sündhaftes. Gehe ein in den Kreislauf der Bereinigung. Und so du diese Sünde nicht mehr tust, wandle Ich sie in deiner Seele um. Das Brot des Lebens, das Licht des Christus, strahlt in deinen Körper.

Mein Kind, sei Herr über den Körper, und nicht mehr der Knecht! Der Herr ist in dir – bleibe in Mir, und du bist Herr über deinen Körper. Befiehl ihm! Befiehl ihm mit der

Macht des Christus. Deine Sinne bauen sich im Christuslicht auf. Sprich hinein in deinen Körper: „Mein Leib ist durchglutet von der Kraft des Herrn."

Liegst du krank danieder, höre die Macht des Christus. Du bist der Herr über deinen Körper. Rufe hinein: „Steh auf!" – Nimm dein Bett, und wandle, denn der aktive Glaube, der Weg der Bereinigung, hat dir geholfen. Gehe hin, und tue es weiter so. Bleibe also im aktiven Glauben, und du bleibst in Christus, der in dir ist, und du wirst in Christus und mit Christus der Herr über deinen Körper sein.

Meine Kinder, Meine geliebten Kinder in der ganzen Welt, das ist der Weg und der Schlüssel zum Leben und zur Gesundheit, zur göttlichen Kommunikation mit eurem Bruder, Freund, Herr und Erlöser, in euch. Das ist der Weg, um die Macht des Christus gebrauchen zu können. Ja, nehmt sie, und ruft hinein in euren Körper: „Steh auf! Laß alles zurück, woran du dich gebunden hast. Gehe ein ins Licht, denn der Herr ist mit dir."

Meine Kinder, sammelt euch! Sammelt euch im aktiven Glauben. Das ist Christlichkeit. Sammelt euch, und verbrüdert euch im Geiste der Liebe und des Friedens! Wisset: Es gibt nur einen Hirten, Christus in euch. Und ihr wißt: Wo zwei oder drei in Meinem Namen versammelt sind, da Bin Ich ganz bewußt unter ihnen, und sie haben Mein Wort, den Kern des Lebens, weil sie den Weg zum Kern, zum Leben, wandeln.

Begnügt euch nicht mehr mit Schalen. Haltet Frieden! Wandelt in den Kern des Lebens hinein, und ihr erlebt, daß Ich, Christus, die Wahrheit Bin in jedem von euch. Vergebt einander, denn nur auf diese Weise haltet ihr Frieden, und der innere Friede führt euch zu der Gottes- und Nächstenliebe, zum Hauptgebot des Lebens, und ihr werdet nach eurem Leibestode eingehen in den Frieden und nicht mehr rachsüchtig in diese Welt kommen, in eine weitere Einverleibung.

O kommet! Kommet alle zu Mir her, zu eurem Hirten. Ich möchte euch auf grüne Auen führen. Ich möchte in euren Herzen lebendig sein, eure Worte mit der Wahrheit des Lebens füllen. Ich möchte in eurem Gemüt, in euren Gedanken, in euren Gefühlen lebendig sein. O kommet alle zu Mir her, und erlebt Mich in euch! Ihr seid der Tempel Gottes. Der Tabernakel des Lebens ist in euch. Ich habe euch den Schlüssel zum Tabernakel gebracht. Schließt auf, indem ihr jeden Tag in den Kreislauf der Bereinigung eingeht und diese Sünde nicht mehr tut. So schließt ihr auf und gehet ein in das Licht, das Ich Bin. Und ihr werdet eins mit Mir und eins mit Meinem und eurem Vater. Das ist Leben im Geiste Gottes.

Meine Kinder, Ich rufe hinein in alle Völker dieser Erde: Meine Kinder, o kommet! Kommet alle her, die ihr mühselig und beladen seid. Ich will euch erquicken. Und so ihr kommt, geht ihr ein in den Kreislauf der Bereinigung, und Ich werde euch erquicken, und in eurem Körper werden sich die Kräfte des Christus aufbauen, und ihr werdet mit Meiner Macht Herr über euren Leib sein.

Meine Kinder in dieser Welt, Ich berühre euch mit dem Frieden der Himmel, mit dem heiligen Gesetz der Liebe. Erfüllt Schritt für Schritt die Gebote Gottes und die Bergpredigt, und ihr werdet Frieden halten, und der Friedefürst wird bewußt mit euch sein, Christus, euer Herr, Erlöser und Hirte.

Meinen Frieden und Meine Liebe brachte Ich euch. Meinen Frieden und Meine Liebe lasse Ich euch. Ja, Ich strahle Friede und Liebe hinein in die Stätten der Reinigung zu den vielen Seelen, die Mein Wort gehört haben. Ich strahle Friede und Liebe zu allen Seelen, die sich von Meinem Wort noch abwenden.

Friede und Liebe erfüllt sich im großen Schöpfungsgeschehen, in den Naturreichen.
Friede und Liebe erfüllt sich in den Gläubigen, die im aktiven Glauben bleiben.
So verändert sich die Welt. Ja, so baut sich die Neue Welt auf, die Welt des Christus – durch dich, Mein Kind, durch dich, durch jedes einzelne, das willigen Herzens ist.

Friede und Liebe, Meine Kinder.

Erfahret und erlebt: Ich bleibe in euch, der redende Gott, der Christus Gottes.

Friede und Liebe bleiben bei euch.

Lernt, die Selbstheilungskräfte zu aktivieren; so mancher wird es noch sehr gebrauchen

Offenbarung von Christus, 1996

Meinen Frieden, Meine Liebe und das Heil für alle Seelen und Menschen bringe Ich allen Menschen und Seelen. Höret die Stimme aus den ewigen Himmeln. Höret die Stimme des Christus Gottes, der Ich Bin!

Mein heiliges Wort, das aus den Inneren Reichen der Liebe und des Friedens gesprochen ist, durchströmt einen Menschen, den Ich Mir zubereitet habe. Ich nenne ihn Meine Prophetin. Mein Wort spricht also durch Prophetenmund und wird in vielen Sprachen übersetzt.

Höret, ihr Menschen in allen Völkern dieser Erde: Der Christus Gottes spricht zu euch durch Prophetenmund. Wer es fassen kann, der fasse es. Wer es lassen möchte, der lasse es. Mein Wort kann nur im Seelengrund des einzelnen verstanden werden, denn ihr sollt den Sinn des Prophetischen Wortes verstehen. Dafür müßt ihr das Herz erschließen für Den, der in euch wohnt: der Christus Gottes, das Erlöserlicht, das Ich Bin.

O erkennet und erfasset in dieser Stunde, daß Mein Wort nun in alle Völker dieser Erde strahlt, daß Mein heiliges Wort das Evangelium der Liebe und des Friedens ist. Wer den Sinn dieser Aussage versteht, der weiß, wie es um diese Welt bestellt ist.

Als Jesus von Nazareth sprach Ich zu Meinen Aposteln und Jüngern und auch Jüngerinnen von Meinem Abschied, und sie erschraken sehr und sprachen: „Wann wirst Du wiederkommen?" Und Ich sagte ihnen als Jesus: Ich komme bald. Doch bis Ich komme, werden viele „Wehen" über diese Erde gehen, denn die Völker dieser Erde streben nicht nach dem Evangelium des Friedens und der Liebe, nach dem Wort der Himmel.

Meine Apostel, Meine Jünger und Jüngerinnen wurden traurig, und Ich sagte ihnen: Sehet, Ich gehe zum Vater. Ich kehre zurück

in das ewige Heiligtum und sitze zur Rechten
Gottes. Doch Mein Geist bleibt in euch, der
Geist der Erlösung, der Geist des Friedens und
der Liebe. Pflegt diesen Geist, und ihr werdet
als Brüder und Schwestern zusammenfinden
in dem einen Geist der Liebe und des Friedens.
– Sie schöpften Hoffnung und glaubten, die
erste „Wehe", in der sie lebten, wäre die letzte.
Doch Ich sprach von den „vielen Wehen".

Höret, ihr Menschen, höret, ihr Seelen in
den Stätten der Reinigung: Das Omega ist gesprochen. Ich komme bald. Wahrlich, viele Wehen sind schon über die Erde gegangen. Doch
diese Wehe, die die Menschen jetzt erleben,
ist noch lange nicht die letzte. Es werden noch
mehrere Wehen kommen, und die letzte Wehe
wird sein ähnlich wie zu Noah Zeiten.
Doch erkennet, und freuet euch alle, die
Mich lieben, in denen Ich auferstehen kann:
Die Cherubime und Seraphime vor Gottes
Thron bereiten Mir die Wege über die Reinigungsebenen zur Erde. O erkennet, als Jesus
sprach Ich: Ich kenne die Zeit nicht, wann Ich

komme – nur der Vater. – Doch da Ich wieder im Heiligtum des ewigen Seins Bin, sage Ich nun zu euch: Ihr Menschen dieser Erde, ihr Seelen in den Stätten der Reinigung, der Vater und Ich kennen die Zeit, den Rhythmus, gleich den Zyklus, in dem Ich erscheinen werde. Auch die Cherubime und die Seraphime wissen darum, denn jetzt schon bereiten sie Mir die Wege über die Reinigungsebenen zur Erde.

In aller Macht und Herrlichkeit werde Ich in den Reinigungsebenen erscheinen, und das Weheklagen wird groß sein. Ein Teil der Seelen muß erkennen, daß sie weiterhin in die Läuterung gehen werden, weil sie von den Lehrengeln wenig oder nichts angenommen haben. Die einen werden zu Meiner Rechten stehen, und die Engel werden sie zurückführen in das ewige Sein.

Während dies in den Stätten der Reinigung geschieht, geht auf der Erde das Wiederkunftslicht im Osten auf und überstrahlt allmählich den ganzen Erdplaneten. Er wird auch durchdrungen von Meinem Wiederkunftslicht. Dann werden sich die Planetenkonstellationen verbinden, und sie werden zur Erde strahlen in alle Völker, und es wird unter den Menschen in allen Völkern dieser Erde ein großes Wehe- klagen sein. Doch sie werden weiterhin sündi- gen; sie werden weiterhin freien und sich freien lassen. Sie werden weiterhin trinken und spei- sen, ja völlern. Sie sehen das Licht und glauben, es wäre nur ein Erscheinungsbild in der Atmo- sphäre. Doch viele, viele spüren in sich, daß Ich Mich der Erde nähere. Und viele, die das Wort des Friedens und der Liebe aufgenommen haben, das heißt, sich danach ausgerichtet haben und -richten – sie freuen sich; denn sie ahnen im Seelengrund: Jetzt kommt die Zeit des Friedens und der Liebe. Jetzt kommt das verkündete Reich, das Friedensreich.

Wieder wird eine Arche erbaut werden. Nicht aus Holz, sondern es wird eine Scholle sein, die sich mehr und mehr vergrößert. Und es wird einsetzen ähnlich wie zu Zeiten Noah. Zu Zeiten Noah kam die Sintflut und nahm viele hinweg. In der Jetztzeit wird sich die Erde auftun und viele hinwegraffen. Das Licht, das Wiederkunftslicht, wird immer größer. Immer

223

mächtiger strahlt es von Ost nach West, durchstrahlt die Erde und umstrahlt den Planeten.
Viele Seelen gehen von der Erde und erleben
in den Stätten der Reinigung das Für und
Wider, das Rechts- oder das Links-von-Mir. Die
Erde wird sich anheben, und die Menschen
auf der Erde werden die sein, die das Malzeichen tragen, das Malzeichen der Liebe und
des Friedens. Und sie werden glücklich sein,
denn das große Glück der Himmel kommt zu
ihnen. Und dann werde Ich in die gereinigte
Atmosphäre treten, und die Menschen auf der
jungfräulichen Erde werden Mich schauen,
und Ich werde unter ihnen sein, der Regent
des Inneren Reiches, das sich auf der Erde als
das Friedensreich Jesu Christi aufrichtet. Und
es wird Friede sein.

Und so mancher von euch wird nun fragen,
ähnlich wie die Apostel, Jünger und Jüngerinnen: „Wann wird das sein?" Und Ich sage
euch: Kein Mensch weiß, wann Ich komme.
Ich komme wie der Dieb in der Nacht. O
Mensch, Ich frage dich: Bist du vorbereitet?
Nimm an das Gleichnis der Jungfrauen: Die

einen hatten Gefäße mit Öl und entzündeten die Lampen in dem Bewußtsein, daß Ich komme. Andere wieder hatten kein Öl in ihren Gefäßen und mußten erst das Öl besorgen. Wo? Das Öl kann man nicht da und dort besorgen. Das Öl ist der Geist in der Seele, und wer den Geist entwickelt, indem er Schritt für Schritt die Gebote Gottes und die Bergpredigt erfüllt, der ersteht auch im Geiste, weil in ihm der Christus Gottes aufersteht, der Ich Bin.

O Mensch, gehörst du zu den klugen Jungfrauen oder zu den törichten? Wenn du sagst, du hättest noch Zeit, dann gehörst du zu den törichten. Wenn du dich aber aufmachst, um dein Gefäß mit Öl, gleich mit dem Geist des Lebens, zu füllen, so daß deine Seele und dein Mensch durchstrahlt ist, dann bist du klug.

Es ist euch die Zeit gegeben. Mit dieser Zeit arbeitet ihr. Ihr rechnet mit der Zeit. Doch wisset: Die Ewigkeit durchstrahlt die Zeit, und die Ewigkeit spricht: Ich komme bald. – Hast du noch Zeit? Weißt du, wann die letzte Wehe über diese Erde geht? Weißt du, wann Ich erscheinen werde? Du weißt es nicht. Doch eines kann Ich dir sagen, weil du in der Zeit lebst, o Mensch: Spute dich! Denn die Zeit eilt, und die Stunden fliehen von dir. Das Morgen kann das Heute sein und das Heute das Morgen. Was heute ist, kann schon morgen sein. Was morgen ist, ist schon das Heute.

O sehet, Ich spreche hinein in alle Völker dieser Erde, und es steht geschrieben: Wenn das Evangelium der Liebe und des Friedens in allen Völkern gelehrt, gleichsam hineingesprochen wird – es ist das Wort Gottes –, dann ist bald die letzte Wehe. Höret, ihr Menschen in allen Völkern dieser Erde, den Christus Gottes! Hört ihr Ihn wahrlich im Seelengrund? Dann erkennt ihr, daß sich das Leben in euch auftun möchte, das Leben, das Ich Bin.

Wisset, und erfasset in euren Herzen, daß ihr vom Unendlichen unendlich geliebt werdet. Denn wieder spricht der Geist der Liebe, der Ich im Vater Bin, durch Prophetenmund zu euch, um euch zu ermahnen, um euch zu lehren, um euch Weisungen zu geben, wie ihr in euer Inneres findet, zum Reiche des Friedens, das in euch wohnt.

O erkennet, und erfasset in euren Herzen: Es wird eine Zeit kommen, da stehen die Ärzte vor den Patienten, und so mancher Arzt spricht: „Ich habe alles versucht – es kann nur noch Gott helfen." Und so ihr im aktiven Glauben steht, das heißt, in der täglichen Bereinigung eurer Sünden – denn der Tag zeigt Aspekte eures Sündhaften auf –, und so ihr diese Sünden bereut, bereinigt und nicht mehr tut, erfüllt ihr Schritt für Schritt die Gesetze der Liebe, und ihr steht im aktiven Glauben.

Und so mancher Kranke wird sich erinnern an Meine Worte, und so mancher wird sich erinnern an die Heilung der Seelen. Und so mancher wird sich erinnern, daß Ich zu ihm sprach: Sei still, und wisse, Gott wohnt in dir, der Innere Arzt und Heiler, der deine Seele heilt. – Und so mancher Kranke wird dann zum Arzt sagen: „Tue du alles für mein Äußeres; ich werde auch alles für mein Inneres tun." Und so mancher wird alleine sein, vielleicht auf dem Krankenlager liegen und sich an Meine Worte erinnern: Sei still. Ich wohne in dir. Sei still, und wisse: Ich Bin der Seelenarzt. Sei still, und wisse, daß du die Macht des Christus entfalten kannst, so daß du selbst die inneren Kräfte entfalten und sie zur Heilung anregen kannst. Es sind die Selbstheilungskräfte des physischen Leibes.

Und nun, Meine Menschenkinder in allen Völkern dieser Erde, Ich will euch lehren, wie ihr die Selbstheilungskräfte aktivieren könnt. Und so ihr bereit seid, erlebt ihr das Heil eurer Seelen, gleichsam die Heilung der Seele, dann, wenn von ihr Sündhaftes genommen, also umgewandelt wird in Licht und Kraft für den Körper.

Meine Menschenkinder in allen Völkern dieser Erde, bereitet euch für das Göttliche Prophetische Heilen vor, und wisset: Jeden Tag kann dies sein, zu jeder Stunde, zu jeder Minute. Lernt! Denn so mancher wird es noch sehr gebrauchen.

O Menschenkind, nimm die innere Haltung an und auch eine aufrechte Körperhaltung. O

Menschenkind, liegst du auf einem Krankenlager, nimm die entsprechende Haltung an,
so, wie du gut liegst und entspannt zu liegen
vermagst.

O Menschenkind, bist du unterwegs mit
deinem Fahrzeug oder zu Fuß, suche eine
Nische, wo du anhalten kannst. Setze dich aufrecht hin, stelle dich aufrecht hin, und wisse:
Gott wohnt in dir, die Liebe und der Friede
der Himmel.

So mancher von euch ist unruhig, denn die
Gedanken quälen ihn. Kontrolliert euren Atem.
Der Atem ist kurz dann, wenn die Gedanken
euch quälen, wenn die Nerven verkrampft sind,
wenn ihr Schmerzen habt. Fühlt auch euren
Körper, wie er noch schwer ist durch die schweren, bedrückenden Gedanken.

Nun legt die Handrücken auf eure Beine.
Zieht diese an euer Gesäß heran.

Und nun atmet tiefer. Atmet tiefer, und Ich
helfe euch nun, daß die bedrückenden Gedanken weichen. So, wie sie weichen, atmet ihr
tiefer. Der Atem ist Leben. Im Atem ist der
Odem, Gott.

Sagt nun ja zu dem Christus Gottes, der Ich Bin und der in euch wohnt. Atmet tief! Die bedrückenden Gedanken weichen. Der Atem geht tiefer.

Nun beobachtet euren Körper. Fühlt gleichsam euren Körper, und ihr erlebt, daß er höherschwingt. Leichtigkeit und Frische zieht in den Körper ein.

Nun atmet bewußt. Atmet das Christuslicht in euren Körper hinein, und atmet alles Bedrückende aus.

O fühlt, wie sich der Körper entspannt. Fühlt, wie sich der Atem mit Frische und Leichtigkeit füllt. Der Atem geht tiefer. Immer mehr Christuskraft atmet ihr in euren Körper hinein. Alles, was euch noch bedrückt, atmet ihr aus. Und so fließt der Strom der Liebe in euren Körper. Die schweren Gedanken sind gewichen. Der Körper wird leichter und beschwingter.

Fühlt nun in eure Handflächen hinein. Die Fingerkuppen füllen sich mit dem Licht Christi. Die Handflächen strahlen den Geist der Liebe aus. Euer physischer Leib beginnt ganz zart zu vibrieren. Es ist das Christuslicht, das euch über eure Seele berührt. Es ist der nahe Gott, den ihr verspüren sollt, denn eure Zeit wird sehr ernst werden.

O fühlt den nahen Gott, und freuet euch! Die Liebe atmet durch euch. Der Friede ist eingekehrt. Der Körper ist leicht und beschwingt. Die Fingerkuppen strahlen das Erlöserlicht aus. Die Handflächen glühen im Geiste der Liebe.

Sehet, das ist die Vorbereitung für die Entfaltung der Selbstheilungskräfte. Ihr selbst seid fähig, die Christus-Gottes-Kraft in eurer Seele, aber auch in eurem Körper zu entwickeln. Es ist die Macht des Christus, die in euch wohnt. Und diese Macht ist die Heilung der Seele. Und so ihr im aktiven Glauben bleibt, zieht ihr die Macht des Christus in euren Körper und aktiviert die Selbstheilungskräfte. Auf diese Weise könnt ihr mit der Kraft des Christus wirken, auch in der Verbindung mit einem irdischen Arzt.

Mein Kind, kontrolliere deinen Atem. Empfinde deinen Körper. Siehe, dein Atem geht *leicht und beschwingt. Fühle die Selbstheilungskräfte in deinen Handflächen. Und nun, das sollst du nicht vergessen: Wichtig ist die Reinigung der Seele, denn die Reinigung der Seele bewirkt auch die Reinigung des Körpers, so daß du mehr und mehr die Selbstheilungskräfte entfalten kannst.*

Siehe, jetzt gehe du mit Mir in den Kreislauf der Bereinigung deiner Sünden. Ich rege in dir Sündhaftes an. In deiner Seele also rege Ich Aspekte des Sündhaften an. Das Sündhafte steigt nun in dein Oberbewußtsein. Jetzt kommen wieder bedrückende Gedanken. Jetzt kommen wieder Bilder. Situationen steigen auf. Erkenne dich darin. Erkenne deinen sündhaften Anteil. Du merkst sehr rasch, wie dein Körper schwerer wird, denn die Gedanken und die Bilder drücken wieder auf die Atmung. Der Atem wird flacher. Und nun frage Ich dich: Willst du die von dir erkannten Sünden bereuen und bereinigen? Dann gehe ein in den Kreislauf der Bereinigung. Bitte in Gedanken um Vergebung. Vergib auch deinem Nächsten,

232

der sich an dir versündigt hat. Und so du im
Bild erkennst, daß du noch einiges gutmachen
kannst, tue dies nach Meiner heiligen Strahlung.

Fühle, daß Ich nun das von dir bereute Sündhafte, das du nicht mehr tun wirst, in deiner
Seele umwandle. Jetzt strahlt vermehrt das
Christus-Gottes-Licht in deinen Körper. Fühle,
der Atem geht wieder tiefer. Ich habe von dir
Sündhaftes hinweggenommen. Die Handflächen beginnen wieder zu leuchten und zu strahlen. Die Fingerkuppen werden warm. Du fühlst
einen sanften Schauer durch deinen Körper –
es ist die Christus-Gottes-Kraft. Es ist der nahe
Gott, der mit dir arbeitet, der Christus Gottes,
Mein Kind.

Wieder berühre Ich Sündhaftes in deiner
Seele. Wieder kommen Bilder; Situationen, in
denen du dich erkennst. Wieder hast du schwe-
re Gedanken. Wieder erkennst du, daß dein
Atem flacher wird, dein Körper schwerer. Doch
der Augenblick kann alles ändern. Willst du

diese erkannten Sünden wahrlich bereuen und nicht mehr tun, dann gehe ein in den Kreislauf der Bereinigung. Bereue. Bereinige. Und erlebe nun eine Gesetzmäßigkeit der Liebe. Halte dies in deinem Oberbewußtsein fest. Ich wandle die Sünde um in Licht und Kraft. Ich strahle sie dir zu. Licht und Kraft strahlen in deinen physischen Leib.

Der Atem geht tiefer. Der Körper schwingt leichter. Die Gefühle sind friedvoll, hoffnungsvoll. Du fühlst den nahen Gott. Wieder beginnen die Handflächen zu glühen. Die Fingerkuppen werden warm. Der Atem geht leicht. Du bist eingehüllt von der großen Liebe, dem großen Frieden. Sei still – Ich Bin bei dir. Sei still, und lege nun die rechte Handfläche auf einen Körperteil. Wähle du ihn selbst.

Fühle, wie die Christuskraft deinen Körper durchdringt! Fühle, daß du mit der Christus-Gottes-Kraft arbeitest. Fühle, wie du durch den aktiven Glauben die Selbstheilungskräfte aktivierst. Fühle, wie das Licht des Christus Gottes, das du entfaltet hast, nun das Organ durchglüht. Fühle, und bleibe in dieser Haltung. Sei still, und sage ja zu Mir, dem Christus Gottes in dir. Fühle, wie du selbst die Kräfte zu lenken vermagst. Fühle, daß du selbst der Heiler bist. Und fühle, wie du selbst die Christusmacht in deinen Körper lenkst.

Der Atem geht ruhig. Fühle, Ich Bin dir ganz nahe. Und nun fühle hinein in deinen Seelengrund, und wisse: Gott ist dir nah. Ein sanfter Schauer geht durch deinen Leib. Das Bin Ich, der Christus Gottes. Fühle die Nähe, und fühle auch hier im übertragenen Sinne Mein Kommen in deinen physischen Leib.

Und nun lege die rechte Hand wieder zurück. Der Handrücken ruht wieder auf dem rechten Bein. Erlebe wieder die Christus-Gottes-Kraft. Ich berühre abermals Sündhaftes in deiner Seele.

Mein Kind, mach mit! Sündhaftes steigt in dein Oberbewußtsein. Erkenne es in Bildern, in den Abläufen der verschiedensten Situationen. Erlebe deine sündhaften Gedanken, und erfahre auch, wie diese deinen Körper bedrängen und die Körperschwingung mindern. Erfahre es!

Und nun stelle Ich dir die Frage, denn du hast den freien Willen: Willst du die erkannten Sünden wahrhaft bereuen, bereinigen und nicht mehr tun? Dann gehe ein in den Kreislauf der Bereinigung.

Bereue. Bereue.

Bereinige. Bereinige.

Aus der Bereinigung steigt eine Gesetzmäßigkeit Inneren Lebens empor, z.B. daß du Frieden mit deinem Nächsten hältst, Frieden aber auch in Gedanken und Gefühlen. Siehe, das Sündhafte, das du nicht mehr tust, wandle Ich in deiner Seele um. Licht und Kraft strömen in deinen Körper. Kontrolliere deinen Atem – er geht wieder tiefer. Der Körper kommt wieder in höhere Schwingung. Die Handflächen werden wärmer. Die Fingerkuppen beginnen zu strahlen. Fühle die Nähe des Christus Gottes, und wisse: Durch den aktiven Glauben entfaltest du die Christus-Gottes-Macht in deinem Körper.

Atme ruhig und tief, und erlebe die strömende und helfende Kraft, die du als Heilkraft in dir anzuwenden vermagst. Erlebe es, und fühle die Nähe der großen Liebe. Leicht und beschwingt ist dein Körper. Froh und friedvoll ist dein Gemüt.

Doch jetzt berühre Ich wieder Sündhaftes in deiner Seele. Nimm ruhig das Sündhafte auf – es soll ja bereinigt und umgewandelt werden, so daß immer mehr die Christus-Gottes-Kraft in deinen Körper strömt. Erkenne dein Sündhaftes. Und so du möchtest, hast du die Kraft zur Reue.
Bereue. Bereue.
Und nun bereinige. Bereinige.

Und so du diese Sünde nicht mehr tust, fühlst du wieder eine Gesetzmäßigkeit Inneren Lebens. Danach strebe! Diese Gesetzmäßigkeit erfülle in deinem Alltag. Das ist Leben im Geiste Gottes. Siehe, die Sünde, die du nicht mehr tust, habe Ich umgewandelt in Licht und Kraft. Licht und Kraft strahlen in deinen Körper.

237

Wieder fühlst du, daß du ruhiger wirst. Ja, sei still – Gott wohnt und wirkt in dir. Atme tief, und fühle, wie wieder eine Last abgefallen ist. Der Körper vibriert ganz sanft durch die Macht des Christus. Die Handflächen erwärmen sich. So mancher fühlt, daß die Fingerkuppen heiß werden. Erkenne in dem sanften Schauer den nahen Gott.

Und nun lege die rechte Handfläche auf einen Körperteil ganz nach deiner Wahl. Siehe, du selbst sprichst dir die Gesundheit zu mit der Macht des Christus. Fühle, wie die Selbstheilungskräfte deines physischen Leibes aktiv sind! Fühle, wie sie in dem Körperteil wirken, den du erwählt hast. Fühle die Wärme. Fühle die Glut des Christus Gottes, die du zu lenken vermagst. Und freue dich: Es ist dir gegeben. Dir – jedem einzelnen, der im aktiven Glauben bleibt. Übe dich darin, und du erlebst immer mehr die Nähe der unendlichen Liebe. Du erlebst den Christus Gottes, den nahen Gott.

Fühle nun, wie dein Körper schwingt! Fühle nun, was du selbst vermagst. Und so du dieses feine, erhabene, friedvolle Gefühl der Liebe zu deinen Mitmenschen senden möchtest, dann lege nun die rechte Hand zurück und bete. Bete aus deinem erfüllten Herzen, daß dein Nächster Gleiches oder Ähnliches erlebt wie du. Denn wisse: Ich Bin in allen Seelen und Menschen die große, ewige Liebe, der himmlische Friede.

Bete! Ja, bete, und sende die Botschaft der Liebe zu deinem Nächsten. Tue dies aus deinem erfüllten Herzen, dann ist die Botschaft selbstlos, und Ich kann in deinem Nächsten wirken.

Mein Kind, Mein geliebtes Kind, siehe, Ich komme bald. Im übertragenen Sinne kannst du das „komme bald" jeden Augenblick erleben, dann, wenn du die Christus-Gottes-Kraft in deinen Körper bewußt aufnimmst durch den aktiven Glauben, was besagt: Bereinige tagtäglich die von dir erkannten Sünden, deine Sünden, und tue sie nicht mehr. Dann wirst du die Auferstehung des Christus Gottes in dir erleben, und du wirst an Meiner rechten Seite sein.

Komm. Komm, und erlebe Mich tagtäglich! Jeden Tag ist Göttliches Prophetisches Heilen.

O sehet, ihr Menschen in allen Völkern dieser Erde, Ich lehre euch diese Erkenntnisse, denn die Zeit reift. Und so die letzte Wehe kommt, sollt ihr an Meiner Rechten stehen.

O kommet – o kommet alle, alle zu Mir her, die ihr mühselig und beladen seid. Und wer ist das nicht in dieser Welt? Kommet also alle zu Mir her! Ich möchte euch erquicken. Ja, Ich möchte euch an Meiner rechten Seite wissen, denn die große Liebe kommt euch immer näher. O fühlet den Ruf des Christus! O fühlet, daß Mein Wort schon in alle Völker dringt: das Evangelium der Liebe und des Friedens, die Frohbotschaft für alle, die guten Willens sind und erfüllen, was ihnen Gott durch Mose geboten hat – die Zehn Gebote –, und die erfüllen, was Ich ihnen geboten habe – die Bergpredigt und auch die Erfüllung der Zehn Gebote.

Sehet, als Jesus habe Ich euch diese Gesetzmäßigkeiten vorgelebt. Folget Mir nach! Meine Lehre ist einfach und schlicht. Folget Mir nach.

Beginnt, Schritt für Schritt Frieden mit eurem Nächsten zu halten. Sehet die Natur, wie sie leidet. Haltet Frieden mit den Naturreichen, und ihr fühlt den nahen Gott. Ja, ihr fühlt, daß Ich in eurem Inneren wohne und euch immer näher komme.

O erkennet – o erkennet, und macht eure Herzen weit: Gott liebt euch! Und diese große Liebe strahlt durch den Christus Gottes zu euch. Erwachet! Entwickelt den inneren Frieden. Entfaltet die Gottes- und Nächstenliebe, und ihr seid bewußt Söhne und Töchter der Himmel.

O empfanget noch einmal Meinen Frieden, Meine Liebe. Ja empfanget die Kraft der Himmel, die Frohbotschaft, in dem großen Segen, der zu euch strömt.

Friede und Liebe allen Menschen in allen Völkern dieser Erde!

Friede und Liebe in den Stätten der Reinigung allen Seelen.

Friede und Liebe in der ganzen Schöpfung, in den Naturreichen.

O erwachet zu der großen Einheit, und wisset: Ihr seid eingebettet in diese große Einheit, in die Liebe Gottes und in den Frieden Gottes. Entfaltet diese höchsten Kräfte Tag für Tag mehr, und ihr fühlt die Nähe des Christus Gottes, der Ich Bin.

Meine Kinder in allen Völkern dieser Erde: Friede, Liebe. Friede, Liebe!
Ihr Seelen in den Stätten der Reinigung: Friede, Liebe und inneres Heil.
Friede und Liebe durchglühen euch.
Friede und Liebe sind bei euch.
Friede und Liebe.

Ich Bin der Ich Bin in dir, Mein Kind, Ich, der Christus Gottes. Sei dir dessen bewußt.
Friede.

Meine Sehnsucht
pocht in euren Herzen.
Komm, Mein Kind, komm jetzt!
Wie es euch beliebt!

Offenbarung von GOTT-VATER, 1998

ICH BIN gegenwärtig, so, wie ihr in eurem Lied gesungen habt, denn Ich Bin der Ich Bin ewiglich.

Möget ihr, Meine Kinder, in dieser von Mir gesegneten Stunde erkennen, daß Ich, Gott, euer Vater, als Kraft, Licht und Einheit, als Liebe und Geborgenheit in jedem von euch wohne.

In euren Liedern jammert und klagt ihr. Um viele von euch ist es traurig bestellt, denn sie versammeln sich immer wieder um den Prophetischen Geist, der Ich Bin. Das Pfingstreden ist euch ein Begriff. Doch begriffen haben es die wenigsten, denn in den zurückliegenden, für euch gesprochen, unzähligen Jahren seid ihr immer noch auf den Prophetischen Geist angewiesen, anstatt Mich selbst zu hören, ja Mein Wort, das Gesetz der Liebe und des Lebens, zu s e i n .

Meine Menschenkinder beten zu Mir. Sie klagen, jammern, trauern, weinen; sie sind mit sich selbst uneins. Infolgedessen sind sie mit M i r nicht eins. Denn wer trauert, klagt, weint und bettelt, der bettelt, trauert und klagt aus seiner eigenen Schuld heraus, die euch gegen Mich stellt. So seid ihr letztlich gegen Mich und somit gegen euer wahres Leben – das wiederum Ich Bin, der Geist von Ewigkeit zu Ewigkeit.

Ihr beklagt euch über diese sogenannte verrohte Welt. Ihr klagt eure Mitmenschen an, die die Erde zum „Rohling" machen. In Wirklichkeit ist der Mensch – jeder einzelne – der Rohling selbst, der in seinem Gemüt mehr und mehr verroht und vom Glauben an Gott spricht. Das ist aber schon alles! Denn wäre der Glaube der Menschen so groß wie ein Senfkorn, dann könnte sie das Gewissen erreichen. Doch so wird die Masse der Menschen, Meine Kinder, mehr und mehr gewissen-los.

Viele von euch sagen, das würde bei ihnen nicht zutreffen. So stelle Ich euch die Frage: Seid ihr Mein Wort? Seid ihr der göttliche Gedanke? Wie sieht es aus in euren Gefühlen und Empfindungen?

O sehet: Wäret ihr das Wort, das Ich Bin, dann wäret ihr das Gesetz der Liebe, das Ich Bin, und ihr wäret wieder das göttliche Erbe, die Substanz des Seins. Doch so seid ihr mit einer Drehscheibe zu vergleichen. Der Mensch dreht sich immer nur um seine eigene Achse, um sein persönliches Wunschbild, um sein menschliches Ich, das Ego. Darüber hinaus sieht er nicht. Darüber hinaus hört, riecht, schmeckt und tastet er nicht. Er ist immer nur mit sich selbst beschäftigt. Wäre das anders, dann wäret ihr das Wort, das Ich Bin, und würdet euch nicht mehr um den Prophetischen Geist, um das Prophetische Wort, scharen. Ihr wäret die Gemeinschaft in Christus, Meinem Sohn, und somit göttliches Sein.

*O sehet: Ihr hört die Vögel zwitschern –
und versteht sie nicht. Ihr seht die Natur –
und kennt sie nicht. Ihr versteht auch nicht
die Sprache der Rose oder des mächtigen Bau-
mes. Ihr hört den Wind – und versteht ihn
nicht. Ihr nehmt dankbar die Strahlen der
Sonne an – doch jeder Strahl der Sonne trägt
Mein Wort. Versteht ihr Mich? Ihr betrachtet
die Steine – und vernehmt ihre Signale nicht.
Blind, stumm und taub, regungslos gegenüber
dem ewigen Sein, sind die meisten Menschen,
Meine Kinder. Damit begnügen sie sich. Diese
Drehscheibe – oder Drehscheibenbewußtsein
– ist ihr ganzer Stolz.*

*Unzählige Gottesworte haben viele empfan-
gen. Auf welchen Boden fielen sie? Blieben sie
im Oberbewußtsein, oder fielen sie in den Seelengrund? Blieben sie im Oberbewußtsein,
dann fielen sie als Belastung in eure Seele.
Wurden die Worte der Liebe tagtäglich ange-
wendet, dann geht ihr nach Innen und erschließt das Reich des Inneren, eure wahre Heimat. Die Drehscheibe hört auf, sich zu drehen,*

weil ihr dann mehr und mehr in Kommunikation mit Mir, dem Leben, tretet. Dann versteht ihr die Naturreiche. Dann vernehmt ihr die Stimme im Strahl der Sonne und im Wirken der Planeten.

Ihr sprecht vom materiellen Kosmos und den Reinigungsebenen – und kennt weder die Abläufe des materiellen Kosmos noch der Reinigungsebenen.

Ihr sagt, daß es traurig bestellt wäre um diese Erde, denn es würden viele Tier- und Pflanzenarten aussterben. Weiter denkt ihr nicht. So stelle Ich euch die Frage: War die Natur auf der Erde vor dem Menschen da, oder der Mensch vor der Natur? Sehet, wenn Pflanzen- und Tierarten hinscheiden, dann wird die Erde immer ärmer, gleichsam karger. Das bedeutet aber auch, daß der Mensch mit diesem derzeitigen Organismus auf der Erde nicht mehr leben kann, denn der Mensch in dieser Zeit bedarf der Naturreiche. Stirbt die Natur, dann sterben auch viele Menschen.

Wenn ihr über eure Drehscheibe hinausblicken könntet, würdet ihr feststellen, daß sich

247

der Organismus mancher Menschen ändert.
Es geht ganz allmählich. Menschen – es werden
nicht viele sein im Vergleich zu der Menschen-
zahl im gegenwärtigen Dasein Mensch. Der
Organismus Mensch entwickelt sich rückwärts.
Ihr nennt die ersten Menschen die Urmenschen. Dahin geht der Weg – zurück! Und so
werden Erdflecken sein, auf denen solche sogenannten Urmenschen leben. Es wird aber auch
ein Eiland entstehen, auf dem die feineren
Strukturen, feinere Menschen, leben werden,
die eins sind mit Dem, der kommen wird:
Christus.

Bis diese Rückentwicklung in vollem Gange
ist, wird diese Welt Schreckliches erleben, nämlich das, was der einzelne in die Atmosphäre
und somit in die Gestirne des materiellen Kosmos eingegeben hat. Der materielle Kosmos
reguliert gemäß euren Eingaben. Er lenkt die
Wiederverkörperung der Seele. Er begleitet aber
auch den Zerfall der materiellen Form bis hin
zur Umwandlung. In den materiellen Gestirnen steht die Zerstörung der Welt. So haben

es die Menschen eingegeben. Und der materielle Kosmos wird somit zerstörend auf die Menschen einwirken – so, wie es die Drehscheibe Mensch wollte.

Der materielle Kosmos lenkt auch die Bereinigung des Menschen. Der materielle Kosmos lenkt auch das Schicksal des Menschen und begleitet den Zerfall der Formen und den Wiederaufbau neuer Körper. Die Seelen in den Stätten der Reinigung erleben die Abtragung ihrer Schuld und die Umwandlung oder den Wiedereintritt über den materiellen Kosmos in einen neuen Erdenkörper.

So muß Ich sagen: Wie ihr es wollt. Wahrlich: Wie ihr es wollt! Denn ihr seid Meine freien Kinder. Freiheit in Mir heißt Göttlichkeit in Mir. Ich Bin Gott, euer Vater. Eure Ursubstanz, euer Ur-Sein, ist göttlich, schöpferisch und frei. Gestaltet ihr euer eigenes Schicksal, dann werdet ihr es auch erleiden.

Und so mancher sagt: Wo ist Deine Gnade, o Vater? – Sie ist in deiner wahren Einsicht, Mein Kind. Denn im Augenblick der echten

Reue deiner erkannten Sünden, des Bereinigens dieser Schuld und des Nicht-mehr-Tuns, Mein Kind, bist du geschützt von der Gnade, die dir beisteht, die dir hilft, die um dich den Mantel der Liebe legt, auf daß du weiteres Sündhaftes erkennen, bereuen und bereinigen kannst. Und so du das nicht mehr tust, nimmst du diesen Mantel in dich auf – es ist das Gesetz der Liebe. Und du bist stark, denn du bist über die Drehscheibe menschlichen Ichs, über dein Ego, hinausgewachsen, eingetreten in die Kommunikation des ewigen Ich Bin, das du im Grunde deiner Seele bist.

O erkennet: Es nützt nichts, wenn ihr fleht, jammert, betet, klagt und, so wie mancher, Mich verfluchen möchtet. Es nützt euch alles nichts. Ihr seid göttliche Wesen in Mir und frei. Ihr schafft selbst euer Schicksal, eure Leiden, eure Nöte – ihr schafft aber auch euer wahres Sein. Es kommt also auf euch an. Wie ihr wollt!

O sehet: Unzählige Male sprach Mein Sohn, euer Erlöser, durch Prophetenmund. Viele Male

sprach Ich zu Meinen Kindern, hinein in die
Völker dieser Erde. Ich stelle euch die Frage:
Wie viele Worte fielen in euer Herz und somit
in den Seelengrund? Und so mancher sagt:
„Geliebter Vater, ich bin ein anderer geworden." – Ich stelle dir die Frage: Wo ist dein
Nächster? Verstehst du ihn? Liebst du ihn nach
dem Gesetz der Freiheit, das Ich Bin und das
letztlich auch du in Mir bist? Verstehst du die
Naturreiche? Erlebst du in dir das Wirken der
Kosmen? Und tut sich in dir die ewige Heimat
auf, das ICH BIN, in deinem Wort, in deinen
Gedanken, in deinen Gefühlen, Empfindungen
und Handlungen, ja in deinem ganzen Verhalten? Prüfe dich. Sage nicht, Ich wäre zu kri-
tisch.

Mein Kind, dir ist noch nicht bewußt, was
Reinheit bedeutet. Die Sprache der Reinheit
ist die Sprache des Ich Bin. Die Sprache der
Reinheit ist die bewußte Sprache der Einheit,
das Vernehmen des Gesetzes Gottes, das die
Liebe ist. Vernimmst du Mich im unendlichen
All? Dann bist du wieder zum All geworden,

denn dann bist du eingekehrt in das Reich des Inneren, und du b i s t das Wort.

Wahrlich, Meine Kinder, Ich sage euch: Da und dort werdet ihr immer wieder hören, daß Ich, euer Vater, und Mein Sohn reden. Täuscht euch nicht! Das Gesetz der Liebe ist in die Atmosphäre gesprochen, so weit, wie es Menschen verstehen können. Die Wahrheit strömt um die Erde. Und so mancher, der seinem Egoismus freien Lauf läßt, glaubt, die Wahrheit selbst zu hören, doch sie ist abgerufen und nicht die Unmittelbarkeit, die Ich Bin und die Ich in dir, in dir, Mein Kind, Bin. Du sollst nicht nur zum Hörer des Wortes werden. Werde zum Gesetz der Liebe – du hast die Kraft, du hast die Gnade; du hast die Erlösung in dir.

Ist euer Vater von Ewigkeit zu Ewigkeit zu streng für euch? – Wie es euch beliebt.

Doch die, die selbstkritisch sind, öffnen ihre Herzen. Und der, der spricht und zu sich selbst spricht: Meine Schuld, meine Schuld! – der lernt, sich zu verstehen. Der lernt auch, seinen

Nächsten zu verstehen. Der nimmt allmählich die Naturreiche wahr und versteht die Kosmen, denn er beginnt, seine Seele zu reinigen durch die Kraft und Hilfe der Erlösung des Christus Gottes in ihm.

Vielleicht sagt so mancher von euch: Herr, Herr! Das ist aber zu schwer – Du verlangst zu viel!

Wahrlich, wahrlich, Ich verlange von euch nichts. Ich sage nur, wie der Weg wäre zum Königreich des Inneren, letztlich zu eurem Leben, das göttlich ist. Meine Worte rufe Ich in eure Herzen und in so manch verschlossene Seele. Was hast du denn, Mein Kind, von deiner Leidenschaftlichkeit? Heute glaubst du, du hättest den Himmel – und morgen stehst du wieder in der Hölle.

Und so mancher sagt: Ach, diese Welt ist die Hölle. – Wahrlich, sie ist für viele die Hölle, doch das Jenseits hat noch tiefere Regionen der Hölle, denn wo Abtragung ist, gibt es kein Mittel zur Heilung, außer die Versöhnung und das schrittweise Einswerden mit Mir und letztlich

mit eurem wahren Selbst. Oder ihr bleibt im
Rad der Wiederverkörperung oder Wiederver-
körperungen. Dann könnt ihr, wenn es euch
beliebt, unter Umständen ein Steinzeitmensch
werden, der sich begnügt, aus Steinen Geräte
zu schaffen. Wie es euch beliebt.

Wie es euch beliebt! Wahrlich, jetzt will Ich
wiederum das Wort – euer Wort – „muß" an-
wenden: Das muß ich zu euch sagen, da ihr
den freien Willen habt, weil ihr göttlich seid.

Meine Kinder, warum offenbart sich Mein
Sohn? Warum spreche Ich, euer Vater, zu euch?
Ich nehme euer Wort: Sehnsucht. Ich habe
Sehnsucht nach Meinen Kindern, und die
Sehnsucht nach Meinen Kindern wird immer
größer, denn viele gehen lange in ihr Verderben,
und so wollen sie dies. Wahrlich, sie wollen es
so halten, denn wer kennt nicht die Zehn Gebote Gottes? Und welcher sogenannte Christ weiß
nicht von der Bergpredigt Jesu? Deshalb muß
Ich sagen: Wie es euch beliebt. –
Doch Meine Sehnsucht nach euch pocht in
euren Herzen.

Meine Vaterliebe hat immer wieder strenge Worte, denn Ich möchte, daß der Mensch Mich verstehen lernt. Menschenkind, Ich möchte dich zurückholen in das Reich des Friedens – nicht, indem Ich dich töte, sondern indem Ich dich rufe: Entwickle dich! Und wenn der Tag des physischen Hinscheidens kommt, sollst du von der Erde gehen: Schritt für Schritt in das Licht zu Mir, in die ewige Heimat! Das ist das Anliegen Meines Sohnes, eures Erlösers, und das Meine.

Mein Kind, Ich möchte dich bei Mir haben, jetzt schon als Mensch, indem du deine Fehlhaltungen, das Ungöttliche, Schritt für Schritt ablegst und bewußt in Mir, im Strom der Liebe, lebst. Dann lebst du auch als Mensch und vegetierst nicht nur. Dann bist du keine Drehscheibe mehr, sondern Bewußtheit im Lichte deines ewigen Vaters. Dann bist du mit deinem Bruder, mit deiner Schwester, dann bist du mit den Naturreichen. Dann stehst du in dieser Welt als die Lichtsäule, die das Licht weitergibt, ohne viel Worte. Denn wer das Licht weitergibt, das er entfaltet hat, sein wahres Selbst, der ist

auch nicht mehr fanatisch – er ist feinfühlig;
denn er hat das Verstehen gelernt und auch
das Erkennen des Nächsten. Im Verstehen und
Erkennen des Nächsten findet der Mensch sei-
nen Bruder, seine Schwester. Und gemeinsam
werden sie auf dem Weg zum Licht weiterge-
hen, und gemeinsam werden sie das Eiland
errichten, denn Mein Sohn kommt bald.

Meine Kinder, wahrlich, Ich Bin gegenwär-
tig. Wahrlich, Mein Geist ist in jedem von
euch, und Meine Sehnsucht ist groß nach dir,
nach dir, nach allen Meinen Menschenkindern
und auch nach den Seelen, die in den Stätten
der Reinigung ihr Dasein fristen.
Wisset und spüret: Der Fall geht ganz all-
mählich zu Ende. Ihr werdet sagen: O Herr, o
Herr – unzählige Jahre! – Meine Kinder, Mei-
ne Kinder, für euch unzählige Jahre, denn es
ist eine sanfte Rückentwicklung, vor allem
dann, wenn die Unsanftheit, das menschliche
Ich, die Erde nicht mehr beschmutzen kann.
Denn Ich möchte jeden von euch, jeden einzel-
nen, sanft in das Licht, in die ewige Heimat,

zurückführen. Doch es liegt wieder an euch –
wie es euch beliebt.

Machet euch bewußt: Was auch in dieser
Welt geschieht, was auch um euch geschieht,
was auch euch geschieht – es sind immer die
Eingaben der Menschen, daran jeder von euch
beteiligt ist, und auf jeden kommt nur das zu,
was er eingegeben hat und nicht mit Christus
umwandeln möchte.

Ihr werdet nach dieser von Mir gesegneten
Stunde wieder in euren sogenannten Alltag zurückkehren. Ihr werdet wieder auf das alltäg-
lich Übliche blicken. Was denkt ihr? Könnt
ihr es mit der Hilfe des Christus Gottes umwandeln? Wollt ihr eure Blicke vertiefen? Dann
seht ihr auch das Positive im alltäglichen Gegensätzlichen, und das entwickelt ihr heraus.
Auf diese Weise entwickelt ihr euch selbst hin
zum Licht und nehmt auch das mit, was sich
umwandeln läßt, hin zum Licht.

Und so ihr mit eurem Nächsten ins Ge-
spräch kommt, stellt euch die Frage, warum
ihr dies und jenes sagt. Was wollt ihr damit

bezwecken? Denn in den vielen Gesprächen des Menschen steckt immer ein Zweck dahinter, und dieser ist meist menschlicher Natur. Wenn ihr euch immer wieder fragt, warum ihr dies oder jenes sagen wollt, dann werdet ihr allmählich euch verstehen lernen. Dann werdet ihr euch kennenlernen. Und so ihr das Gegensätzliche mit der Hilfe eures Erlösers umwandelt und nicht mehr tut, werdet ihr euer wahres Sein verstehen und erkennen lernen – und das Bin Ich.

Meine Kraft ist in euch. Meine Liebe möchte euch geleiten. Und Meine Sehnsucht pocht in euren Herzen.

Wisset: Ihr seid in Mir, und Ich Bin in euch. Wann werdet ihr es zulassen, daß Ich in eurem Fühlen, Empfinden, Denken, Sprechen und Handeln Bin? Dann werdet ihr eins mit eurem Nächsten sein, eins mit der Mutter Erde, eins mit dem Reich des Friedens. Und die Kosmen, der materielle Kosmos und die niederen Ebenen der Reinigung, werden euch nichts mehr anhaben können, weil ihr so weit rein geworden seid, daß ihr eingeht in die Vorbereitungsebenen, um das Gesetz wieder zu aktivieren, das die Tore öffnet in das wahre, ewige Leben, das Ich Bin von Ewigkeit zu Ewigkeit. Und ihr werdet euren Vater schauen, der Ich Bin von Ewigkeit zu Ewigkeit.

O kommet. O kommet. Nicht morgen, nicht übermorgen – kommet jetzt! J e t z t ist Gegenwart. Jetzt könnt ihr einiges erkennen und bereinigen. Und so ihr dies tut, wird sich euer Verhalten ändern. Ihr werdet erkennen, daß ihr geliebt seid von Dem, der zu euch durch Prophetenmund sprach: von Gott, eurem Vater. Und ihr werdet bewußt in Mir sein, ewiglich.

Komm, Mein Kind. Komm jetzt!

Kommet in die Arme
der Unendlichkeit

Offenbarung von GOTT-VATER, 1986

Meine Kinder, kommet in die Arme der Unendlichkeit! In euch breite Ich Meine Arme aus: Kommet! Kommet in die Arme der Gottheit.

Friede, Liebe und Harmonie ist Mein Wesen. Blicke in dich hinein, und erfahre Mich, deinen Vater, in dir. Komm, fürchte dich nicht. Siehe, noch bist du im Erdenkleid; doch was bedeutet die Hülle, wenn Ich dich durchstrahle? Was bedeutet irdisches Leben, wenn Ich in dir lebe?

Mein Kind, komm, blicke in dich hinein, und erfahre Mich, deinen Vater. Meine Arme sind ausgebreitet. Es ist die Unendlichkeit, die dich erwartet; es sind die Quellen ewigen Friedens. Mein Kind, tauche ein! Komm, öffne dein Herz! Fürchte dich nicht. Leg ab, was menschlich ist, und du fühlst, daß Ich dir nahe Bin, ja, daß du aus Mir bist. Gleich, wo du dich befindest, im Zeitlichen oder schwebend in der Unendlichkeit – du bist in Mir und Ich in dir. Erhebe dich zur Sohnschaft und Tochterschaft in Meinem Geiste!

Siehe, Sonne, Mond und Sterne dienen dir. Siehe, die Kreatur dient dir; die Blumen blühen – sie dienen dir. Du bist aus Mir, geformt aus Meinem Hauch, hervorgebracht durch Meine Strahlung. Du bist Strahlung, selbsttätig leuchtend, da Ich in dir leuchte. Ich Bin Gott – und du bist göttlich.

Leg ab, Mein Kind, jegliche Furcht; leg hin die Zweifel, deine menschlich einengenden Gedanken. Komm, schaue in deinen Bruder, schaue in deine Schwester; sie sind in dir und du in ihnen.

Einfach ist die Schöpfung, und doch genial. Das Schlichte, Selbstlose ist die Genialität, ist der Genius Gottes, Bin Ich. Mein Kind, so bist du, weil Ich so Bin. Leg ab die Kleinlichkeit, und erfahre deine Größe.

Komm, in dir öffnen sich Meine Arme, die Unendlichkeit. Komme herein, Mein Kind! Einzig in dein Inneres. Du mußt keinen Schritt im Äußeren tun – gehe hinein in dir, und du bist in den Armen deines Vaters, deines Herrn und Gottes. Komm, Mein Kind, komm, leg ab, und sei Mein Ebenbild.

Sei Mein Ebenbild! Steh über dem Menschlichen. Steh über deinen noch bestehenden menschlichen Gedanken, dann fallen sie von dir. Du liebst, so, wie Ich dich liebe. Ja, Ich liebe dich, Mein Kind. Ich liebe dich und will alles von dir fernhalten, was menschlich ist: Sorgen, Bedrückungen, Ängste, Krankheiten und Nöte. Komm, habe göttliche Empfindungen und Gedanken, und alles fällt ab, was menschlich ist. Ich halte dich in Meinen Armen. Bleibe in Mir, und du lebst. Ich liebe dich. Ich bin da, so nah – ja, in dir die Unendlichkeit.

Komm, und werde; komm und sei! Empfinde: Ich Bin, und du bist – Liebe, Friede und Harmonie. Du bist das Leben. Es atmen die

Blumen, die Sträucher, die Bäume, die Tiere, die Wasser, die Sterne, die sieben mal sieben Kräfte in dir – es sind Meine Arme. Komm, erfülle – und du lebst!

Ich sage zu dir jetzt nicht Amen. Ich sage, und du empfindest: Sei, denn Ich Bin.

DIE BOTSCHAFT AUS DEM ALL

DIE GOTTESPROPHETIE HEUTE NICHT DAS BIBELWORT

Botschaften aus dem All, gegeben durch Gabriele, die Prophetin und Botschafterin Gottes in unserer Zeit - mit frappierenden Bezügen zu den brisanten Ereignissen der jetzigen Zeit, z.B. über die unhaltbaren Zustände auf der Erde, über den Mißbrauch der Lehre des Jesus, des Christus, durch die institutionellen Kirchen und vieles andere mehr. - Eine packende Lektüre für Wahrheitssucher aller Religionen, Rassen und Nationalitäten.

Band 1 * *272 S., geb., Best.-Nr. S 137. ISBN 978-3-89201-126-2*
  Euro 18,00, SFr 31,90

Band 2 * *264 S., geb., Best.-Nr. S 138, ISBN 978-3-89201-196-5*
  Euro 18,00, SFr 31,90

* Früherer Titel: Der Allgeist, GOTT, spricht unmittelbar durch Seine Prophetin in unsere Zeit hinein. Er spricht nicht das Bibelwort

---

Gerne senden wir Ihnen unser Gratis-Gesamtverzeichnis
Verlag DAS WORT GmbH
Max-Braun-Str. 2, 97828 Marktheidenfeld
Tel. 09391/504-135, Fax 09391/504-133
www.das-wort.com